故居探秘
——宋庆龄故居游戏书

上海宋庆龄故居纪念馆 编

上海科学技术文献出版社
Shanghai Scientific and Technological Literature Press

目录
contents

主楼 ······ 90

花园 ······ 115

故居探秘 宋庆龄故居游戏书

前言
Preface

　　上海淮海中路1843号的院内，有一幢西式的白色三层楼房。屋前的草坪，绿草如茵。四周簇拥着数十棵百年以上的香樟树，终年葱茏苍翠。这里是一片宁静的绿地，这里充满了安详和温馨。清晨，当缕缕晨曦透过香樟树茂盛的枝叶，射进这片绿地的时候，几十羽鸽子或在悬挂着晶莹露珠的青草丛中漫步、嬉戏，或在蓝天白云之间盘旋、翱翔，显得生机盎然，使人感受到一种和平、博爱的氛围。傍晚，当高大的香樟树冠遮去了夕阳的余晖，夜幕渐渐降临，这里又显得格外安宁、静谧。

　　这里曾经居住过一位20世纪最伟大的女性，这里就是中华人民共和国名誉主席、孙中山的夫人宋庆龄的故居。

　　上海宋庆龄故居是她从事革命活动的主要场所之一，也是她一生中居住时间最长的地方。这里留下的文物和发生的故事真实地记录着宋庆龄对祖国和人民的热爱，见证了她为新中国的建立和建设、为保卫世界和平、为人类进步事业作出的不朽贡献。

　　不过，对小朋友来说，在参观故居的过程中一定会有许许多多的问题：宋庆龄是谁？她是一个什么样的人？为什么她被人们称为"国之瑰宝"？她在这里生活了多久？她平时都做些什么？她有什么爱好？文物馆里陈列的珍贵文物又有什么样的故事？

　　其实，故居不仅是历史的见证，是文物的宝库，也是帮助小朋友增长知识的"校外课堂"哦。而这本书就是帮助小朋友"探秘故居"的一把钥匙，书中不仅有关于宋庆龄生平的介绍，有许多历史知识和文物知识，还有特别好玩的游戏呢！

　　好了，让我们开启一段宋庆龄故居的奇妙之旅吧！

故居探秘 宋庆龄故居游戏书

纪念广场

Gu Ju Tan Mi
Song Qing Ling Gu Ju You Xi Shu

第一站 纪念广场

? 问一问：

广场上的宋庆龄雕像是什么质地的呢？

　　一走进故居，你一定会被这座宋庆龄全身坐像吸引，它是在2003年为纪念宋庆龄诞辰110周年雕刻的，选用了北京房山一整块五吨重的上等汉白玉雕刻而成。雕像表现了宋庆龄高贵典雅的气质，同时又让人感到和蔼可亲。

算一算：

小朋友，2003年是宋庆龄诞辰110周年，那么宋庆龄是哪一年出生的呢？

_____ 年出生

第一站 纪念广场

 **连一连:**

这几座宋庆龄的雕像,你知道它们分别位于何处吗?

小提示:

广州大元帅府:这里是孙中山、宋庆龄曾经共同生活、工作的场所。在帅府的院子里,伫立着孙中山与宋庆龄的双人雕像。

重庆宋庆龄旧居:这里是抗战时期宋庆龄的寓所,宋庆龄先生的雕像立于楼前,雕像前有一个小巧玲珑的扇形草坪,将小院装饰得更加美丽。

宋庆龄陵园:1981年宋庆龄去世后安葬于此,园中伫立着宋庆龄汉白玉雕像,身穿旗袍,外套出访锡兰时穿的圆翻领上衣,头挽发髻,慈祥地笑对每一个人,宛如生前。

宋庆龄陵园　　　重庆宋庆龄旧居　　　广州大元帅府

故居探秘 宋庆龄故居游戏书

宋庆龄文物馆

Gu Ju Tan Mi
Song Qing Ling Gu Ju You Xi Shu

第二站 宋庆龄文物馆

好学章
Hao Xue Zhang

宋庆龄文物馆建于1997年,这里展出了精选的馆藏文物二百余件,通过这些文物,我们可以走近宋庆龄,简要地了解她一生的重要经历和光辉业绩。

宋庆龄文物馆

问一问：

宋庆龄的爸爸是谁？

宋耀如

宋庆龄的爸爸是宋耀如，他是海南文昌人，早年曾在美国谋生，并进入教会学校读书，后来作为一名传教士被派遣回上海传教。通过经营实业，宋耀如积累了丰厚的财产。1894年，他结识了孙中山，此后，他积极支持孙中山的革命事业，成为孙中山的好友。

第二站 宋庆龄文物馆

 连一连：

为什么有人称宋耀如为宋嘉树？

宋耀如其实名为宋教准，字嘉树，号耀如，所以，称他为宋嘉树或是宋耀如都没有错。

原来，今天我们说到一个人的"名字"，通常是指人名。可是从前的人既有"名"又有"字"，还有"号"。"名"，多由长辈起取，"字"往往是"名"的解释和补充，而"号"则是人的别称，古代的文人大多会给自己起"号"。

那么问题来了，小朋友，你知道孙中山的"名""字""号"分别是什么吗？

宋耀如（前排左一）与孙中山（前排左二）等合影

| 名 | 字 | 号 |

| 逸仙 | 文 | 载之 |

故居探秘 宋庆龄故居游戏书

❓ 问一问：

宋庆龄的妈妈是谁？

宋庆龄的妈妈倪珪贞，是明朝著名科学家徐光启的后裔。她是一位虔诚的基督教徒，从小接受了良好的教育，会说英文，会弹钢琴，还曾在裨文女中任教。她十分热心慈善事业和教会的活动，是一位有知识、有教养的开明女性。

倪珪贞

小知识：

徐光启——明朝著名科学家、政治家。他是中西文化交流的先驱者之一，曾与意大利传教士利玛窦一起翻译并出版了《几何原本》，还编写了科学巨著《农政全书》，他也是上海地区最早的天主教徒。

徐光启

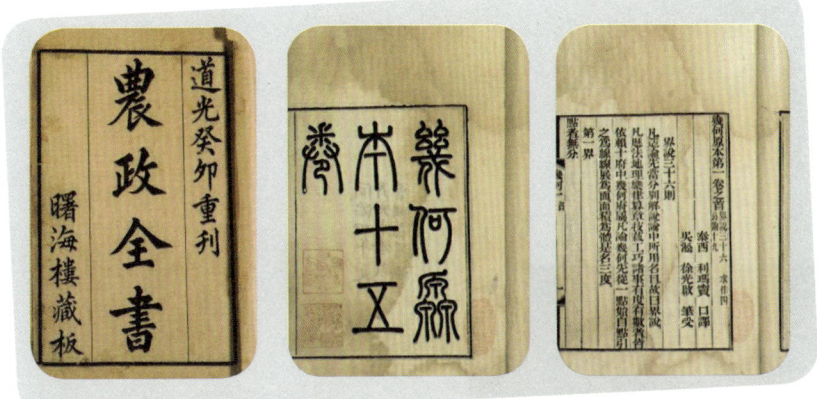

《农政全书》和《几何原本》

 **想一想：**

宋庆龄的爸爸是海南文昌人，妈妈是浙江余姚人，那么，宋庆龄的祖籍是哪里呢？

☐ A 海南文昌　　　　☐ B 浙江余姚

问一问：

宋庆龄曾就读于哪所学校？

这是宋庆龄保存的母校原址的照片，9岁时，宋庆龄进入上海的中西女塾接受系统教育。

中西女塾，1892年由基督教美国监理会传教士林乐知创办，1930年校名改为中西女子中学。1952年7月上海市教育局接管中西女中和圣玛利亚女中，并把两校合并为上海市第三女子中学。所以，宋庆龄也是市三女中的校友哦。

中西女塾

宋庆龄在学校时期的剧照

连一连：

这是宋庆龄在学校排演的话剧中扮演公主的照片，她在中西女塾读书时经常参加文艺活动。小朋友，你知道下面这些人物分别是哪个剧目中的吗？

   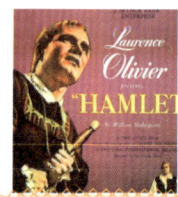

威尼斯商人　　罗密欧与朱丽叶　　仲夏夜之梦　　哈姆雷特

克劳狄斯　　赫米娅　　夏洛克　　蒙太古

第二站 宋庆龄文物馆

❓ 问一问：

你知道宋庆龄曾经在哪里留学吗？

14岁时，宋庆龄与年仅10岁的妹妹宋美龄一起赴美国留学，第二年，她考入佐治亚州梅肯市的威斯里安女子学院，主修文学专业。宋庆龄在校期间学习非常用功，对哲学和历史有着浓厚兴趣，善于思考，热衷校内公共活动。

宋庆龄在勤奋学习的同时，也关心着祖国的命运。一次，同学问她："你干吗老是考虑那么多国家大事啊？"宋庆龄回答说："我对祖国将来的事充满理想和希望。我不能不想中国，我觉得如果一个人忘记了祖国，那人生该是多么无趣啊！"

🌱 威斯里安女子学院

🎨 画一画：

这是宋庆龄的动物学笔记，你看，她画的小动物多么逼真啊，小朋友要不要也试着画一画？

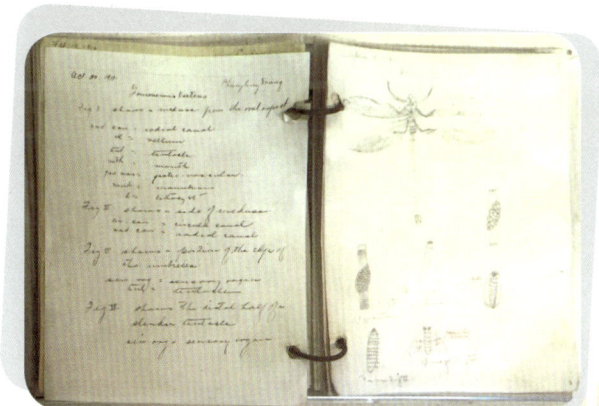
🌱 宋庆龄留学时的动物学笔记本

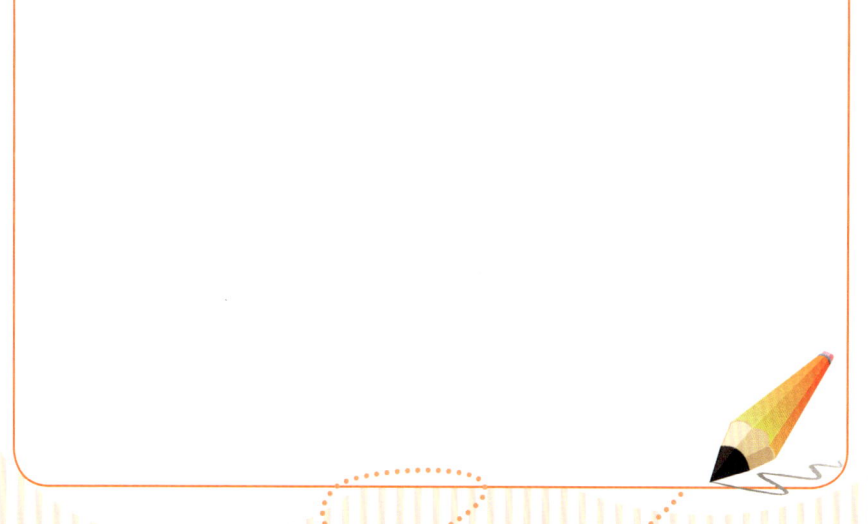

问一问：

宋庆龄出国时要用护照吗？

这是1907年宋庆龄赴美国留学时的护照，这份中英文合璧的护照是目前国内发现的最早的一份完全意义上的护照。这份护照由美籍著名历史学家周谷教授于20世纪50年代末在美国发现，90年代他将这一极其珍贵的历史文物捐献给了上海宋庆龄故居纪念馆。

小知识：

护照——一个国家的公民出入本国国境和到国外旅行或居留时，由本国发给的一种证明该公民国籍和身份的合法证件。早在清朝康熙年间，中国已有护照。清朝的护照是一纸公文的形式，记载有持照人姓名、籍贯、年龄、职业及发照机关和主管官员姓名、发照日期等。到了中华民国时期，中央政府开始制定了比较完整的护照制度。

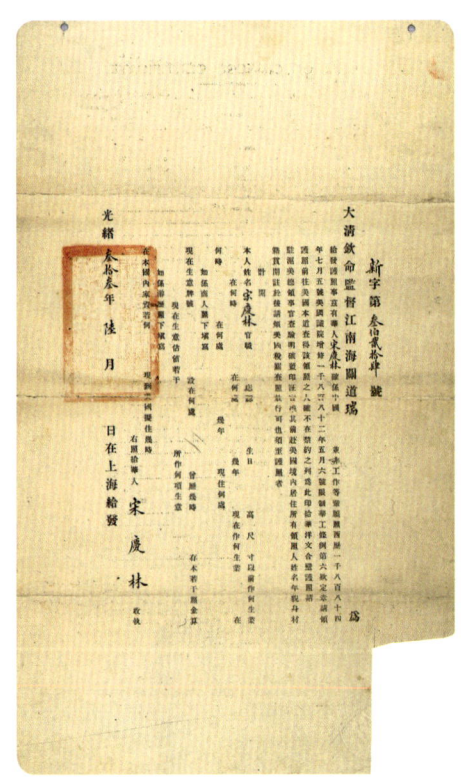

留学护照（正面）

第二站 宋庆龄文物馆

 填一填：

宋庆龄的护照正面是中文，背面是英文，小朋友，能不能根据我们的提示，把右图这份中文护照的信息填完整呢？

姓　　名：宋庆龄

英文名字：

相貌特征：

生　　日：

身　　高：

入学时间：

最后居住地：

提示：宋庆龄名字当时的英文写法为"SOONG CHING LING"，她"右眉上有疤痕"，出生于"光绪十八年十二月二十八日"，身高"5英尺"，原身份为"学生"，入学时间为"1902年"，入学地点为"中西女塾"，最后居住地为"上海"。

🖋 留学护照（背面）

勇气章
Yong Qi Zhang

❓ **问一问：**

宋庆龄与孙中山是在什么时候结婚的？

1913年，孙中山因革命失败流亡日本。同年8月，满怀革命理想的宋庆龄也来到了日本。第二年，宋庆龄接替姐姐宋蔼龄担任了孙中山先生的英文秘书。热爱祖国和献身革命事业的共同志向使他们走到了一起，1915年10月25日，宋庆龄与孙中山在日本东京结婚，这是他们签下的结婚誓约书。因为双日吉利的习俗，所以誓约书上的时间落款增加了一天，为10月26日。

这份结婚誓约书现存于中国国家博物馆。

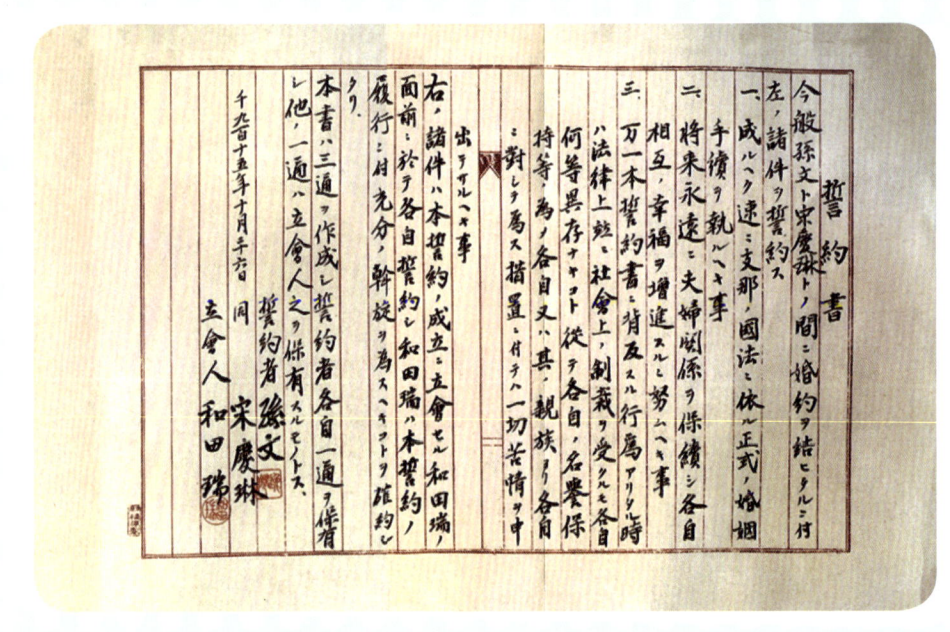

🍃 孙宋结婚誓约书

想一想：

"**精诚无间同忧乐　笃爱有缘共死生**"是孙中山写给宋庆龄的两句话，这是什么意思呢？

精诚：指真心诚意。　　**无间**：关系亲密，没有隔阂。　　**笃爱**：指深切地爱。

所以，这两句话的意思就是：_____

_____

1923年孙中山与宋庆龄的合影

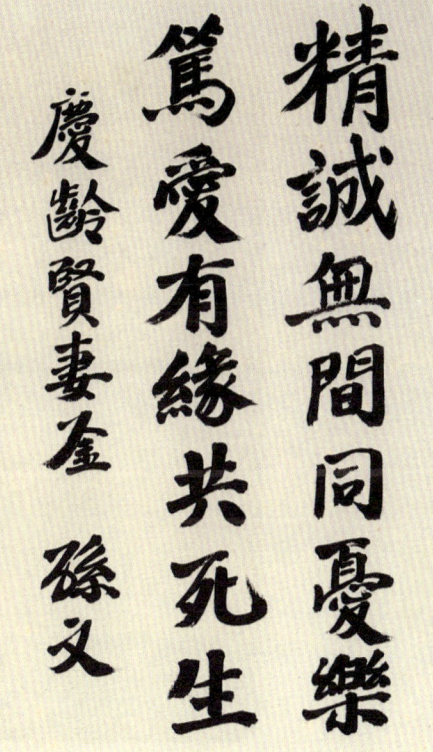

孙中山书赠宋庆龄的册页

故居探秘 宋庆龄故居游戏书

❓ 问一问：

孙中山与宋庆龄家人的合影是在哪里拍摄的呢？

这是宋庆龄珍藏的一张玻璃底片，是一张非常少见的孙中山与宋庆龄家人的合影，其中有倪珪贞、宋蔼龄、宋美龄、宋子文等宋家成员，而孙中山与孔祥熙作为宋家的女婿分别站在后排的两侧，说明了宋家对孙中山、宋庆龄婚姻的认可。照片拍摄于孙中山、宋庆龄莫利爱路寓所（今香山路7号孙中山故居）。

🍃 孙中山与宋庆龄家人合影的玻璃底片

第二站 宋庆龄文物馆

🍃 孙中山与宋庆龄家人合影

认一认：

你能认出图中哪一位是宋庆龄吗？试着把她标出来吧！

小知识：

玻璃底片——清末到民国时期，摄影主要采用玻璃底片。所谓玻璃底片，就是在玻璃表面均匀涂上感光剂，再经感光、显影、定影后即成的负片。它的成像程序复杂，成本昂贵，所以使用玻璃底片进行拍摄的人非常少。20世纪50年代，我国的很多照相馆仍在使用玻璃底片。直到20世纪60年代初，国产胶片诞生后，玻璃底片才渐渐销声匿迹。

问一问：

孙中山的两枚印章是在什么时候使用的？

这些印章是宋庆龄精心保存的孙中山先生的重要遗物。其中"中华革命党本部之印"是孙中山1914年在东京建立中华革命党时使用的，"中华民国陆海军大元帅之印"则是孙中山1923年在广州担任中华民国陆海军大元帅时使用的。

🍃 中华革命党本部之印

🍃 中华民国陆海军大元帅之印

认一认：

你知道这两枚印章上刻的是什么字吗？

答：_____   答：_____

小知识：

　　印章——又称"图章"，是印于文件上表示鉴定或签署的文具。古代印章通称为"玺"，秦统一中国后，只有天子之印称为"玺"，其余的都称为"印"。印章最早是用于封发简牍，把印盖于封泥之上，以防私拆，而官印渐渐成为权力的象征。

　　印章除了日常应用外，还多用于书画题识，并成为我国特有的艺术品之一。

问一问：

什么是《国民政府建国大纲》？

这是孙中山手书的《国民政府建国大纲》，它是孙中山最重要的著作之一。在国民党"一大"召开前，孙中山亲自拟定了《国民政府建国大纲》，共25条，作为即将成立的国民政府的施政纲领。孙中山在革命工作之余，亲手用毛笔将《国民政府建国大纲》抄在这本册页上，送给宋庆龄留念。

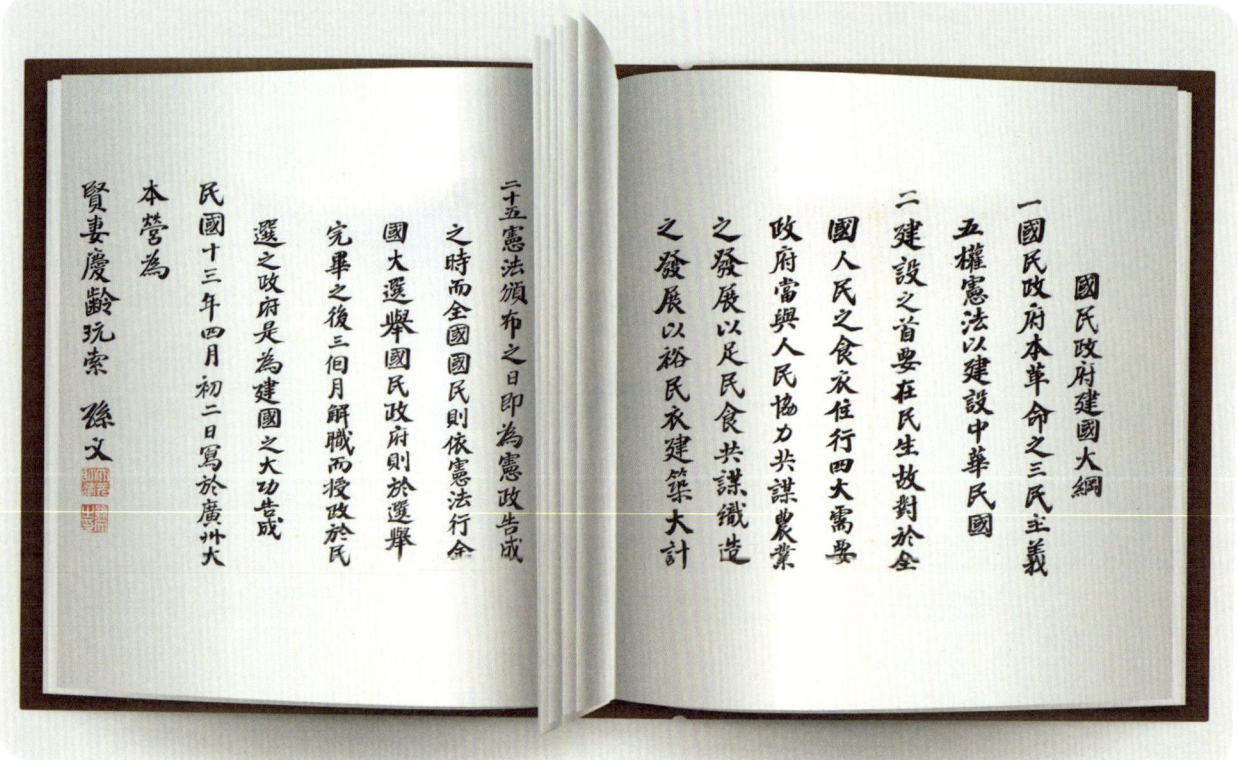

孙中山手书建国大纲

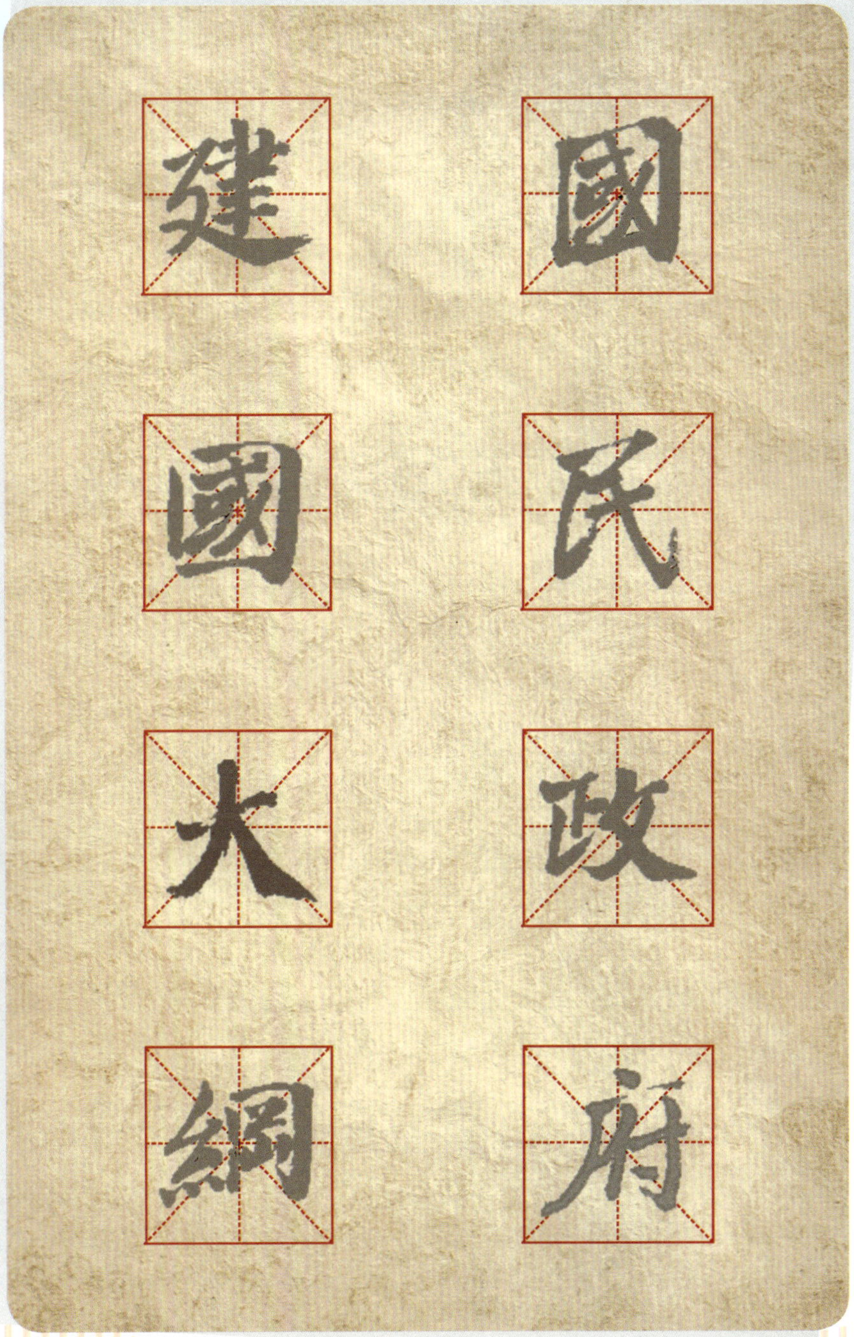

第二站 宋庆龄文物馆

 描一描：

这份《国民政府建国大纲》全文由孙中山用毛笔书写，小朋友要不要试一试？

国 民 政 府 建 国 大 纲

宋庆龄故居游戏书

问一问：

《孙中山——坚定不移、百折不挠的革命家》这份手稿是谁写的？

这篇文稿名为《孙中山——坚定不移、百折不挠的革命家》，是1966年宋庆龄为孙中山诞辰一百周年纪念大会而精心准备的发言稿。宋庆龄在这篇文章中回忆了孙中山一生的业绩和他与时俱进的步伐，热情歌颂了孙中山伟大的革命的一生，同时也回击了"文革"逆流对孙中山的诋毁和污蔑。手稿长达51页，是目前国内保存最完整的宋庆龄手稿之一。

宋庆龄《孙中山——坚定不移、百折不挠的革命家》手稿

读一读：

在宋庆龄的回忆中，孙中山生活简朴，但他的精神世界却无比富足，我们一起来读一读这篇文稿中的几段文字吧：

孙中山——坚定不移、百折不挠的革命家（节选）

从他个人生活的简朴，我们可以看到孙中山的伟大的另一方面。他没有置过一座住宅。寓居上海时，他先住在环龙路六十三号，这是租赁的房子，以后搬到莫利爱路二十九号，就是现在作为中山故居的地方。这所小宅是华侨国民党员送给他的。

……

一九二四年，孙中山在广州讲三民主义，讲演的地点是广东大学。每次都有十多个干部陪他从大元帅府出发到珠江对岸，再乘三辆汽车前往。孙中山打听了一下，知道汽车来回四五里路要花十五元钱。以后他就不坐车，同干部们一起步行而去。

孙中山的毕生好学精神，是所有认识他的人都称道和钦佩的。一九一三年到一九一六年，他在东京。老同盟会员尤鲎回忆道："他的寓所内，四壁图书，琳琅满目，十三经、二十四史、中外政治经济书籍、各种地图，应有尽有。他经常读书，手不释卷；融会贯通，能得要领。"

我自己记得，他只要有一点空，就在书房里把大地图铺在地上，手里拿着深色铅笔和橡皮，在上面标绘出铁路、河道、海港等等。他订阅了一种英国出版的航运年鉴，知道很多关于船只吨位、吃水等这一类的事情。有一次他乘巡洋舰视察海宁时，告诉大副，航道水浅，把船靠外行驶。但这位大副自以为他更熟悉情况，结果船搁了浅。

正义章
Zheng Yi Zhang

? 问一问：

"中国民权保障同盟"是一个什么样的组织？

1932年12月，宋庆龄与蔡元培、杨杏佛、黎照寰、林语堂等在上海发起组织中国民权保障同盟，宋庆龄被推选为主席。同盟成立后，在宋庆龄、蔡元培、杨杏佛的领导下，为保障人民的民主自由权利、营救政治犯、反对非法拘禁和杀戮，开展了许多卓有成效的工作。

🍃 宋庆龄与中国民权保障同盟部分成员合影

🍃 中国民权保障同盟主席之印

试一试：

宋庆龄和她领导的中国民权保障同盟成功营救了许多爱国人士，小朋友要不要也尝试一下营救这位被困在迷宫的战士？

问一问：

宋庆龄认识鲁迅吗？

鲁迅是中国民权保障同盟的主要成员。这是1933年1月21日，为营救共产党人黄平，鲁迅致宋庆龄和蔡元培的信。鲁迅在信中写道："黄平被捕后，民权保障同盟曾致电中央抗议，见于报章，顷闻此人仍在天津公安局，拟请即电该局，主持公理，一面并在报端宣布电文；以免冥漠而死也。"

宋庆龄与中国民权保障同盟委员鲁迅、胡愈之等合影

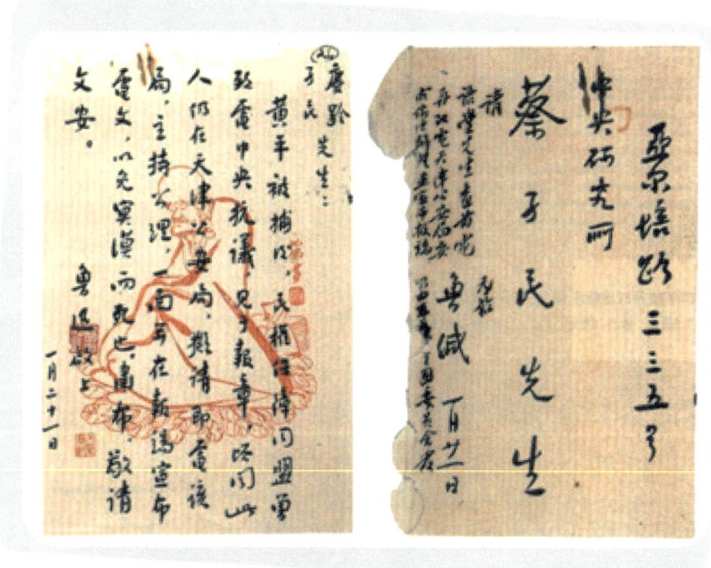
鲁迅致宋庆龄、蔡元培的信

读一读：

宋庆龄与鲁迅是志同道合的好友，他们不仅一起进行了许多政治活动，也非常关心彼此。1936年，鲁迅病重，当时宋庆龄正因阑尾炎住院治疗，由于伤口未愈，她不能亲自看望鲁迅，就托人给鲁迅带去一封言辞恳切的信，力劝鲁迅赶快入院治疗。信是这样写的：

🌱 宋庆龄参加鲁迅葬礼并发表演说

周同志：

　　方才得到你病得很厉害的消息，十二分的担心你的病状！我恨不能立刻来看看你，但我割治盲肠的伤口，至今尚未复原，仍不能够起床行走，迫得写这封信给你！

　　我恳求你立刻入医院医治！因为你延迟一天，便是说你的生命增加了一天的危险！！你的生命，并不是你个人的，而是属于中国和中国革命的！！！为着中国和中国革命的前途，你有保存、珍重你身体的必要，因为中国需要你，革命需要你！！！

　　一个病人，往往是不自知自己的病状的，当我得盲肠炎的时候，因我厌恶入院，竟拖延了数月之久，直至不能不割治时，才迫着入院了，然而，这已是很危险的时期，而且因此，还多住了六个星期的时间，假如我是早进去了，两星期便可以痊愈出院的，因此，我万分盼望你接受为你担忧着、感觉着极度不安的朋友们的恳求，马上入医院医治，假如你是怕在院内得不着消息，周太太可以住院陪你，不断的供给你外面的消息等等。

　　我希望你不会漠视爱你的朋友们的忧虑而拒绝我们的恳求！！！

祝你痊安

宋庆龄

爱国章
Ai Guo Zhang

? 问一问：

在右图中，为什么宋庆龄的手上捧着一枚炮弹？

1932年1月28日，日本帝国主义发动了对上海的侵略，驻守在上海的国民党十九路军将士，不顾国民政府"忍辱求全"的命令，奋起反击入侵的敌人，淞沪抗战爆发。为了表示对十九路军的支持，宋庆龄不顾个人安危，亲赴前线慰问抗日将士，极大鼓舞了官兵们的斗志。1932年2月6日，宋庆龄在真如前线手捧拾获的日军炮弹，站在断壁残垣前留影，以示不忘国耻、抗战到底。

宋庆龄在真如前线留影

 **小知识：**

"一·二八"淞沪抗战——1932年1月，日本侨民在上海制造事端，日本总领事借机提出道歉、赔偿、解散抗日团体等无理要求。国民党政府为集中兵力在江西"剿共"，要求第十九路军忍辱求全，避免与日军冲突，接受日方无理要求。28日，日方又以保护侨民为由，要中国军队撤出闸北，不待答复便于当晚突袭闸北，第十九路军奋起抗战。在这场战争中，中国军队连续击败日军进攻，使敌三易主将，数次增兵，死伤逾万。但政府当局妥协退让，守军寡不敌众，终被日军从侧翼突破防线而被迫撤退。3月3日，战事结束。5月5日，中国政府与日本签订丧权辱国的《淞沪停战协定》。

开赴淞沪前线的抗日部队

问一问：

《西行漫记》是一本什么样的书？

1936年6月至10月，美国记者埃德加·斯诺在宋庆龄帮助下进入陕北，对中国西北革命根据地进行实地考察，根据考察所掌握的第一手材料他写成了《西行漫记》一书。该书对中国共产党和中国革命作了客观评价，并向全世界作了公正报道，使西方第一次真正了解中国共产党。《西行漫记》先后被译成二十多种文字，成为享有盛誉、家喻户晓的文学作品。斯诺曾将这本《西行漫记》以及他拍摄的一套照片资料赠给了宋庆龄。

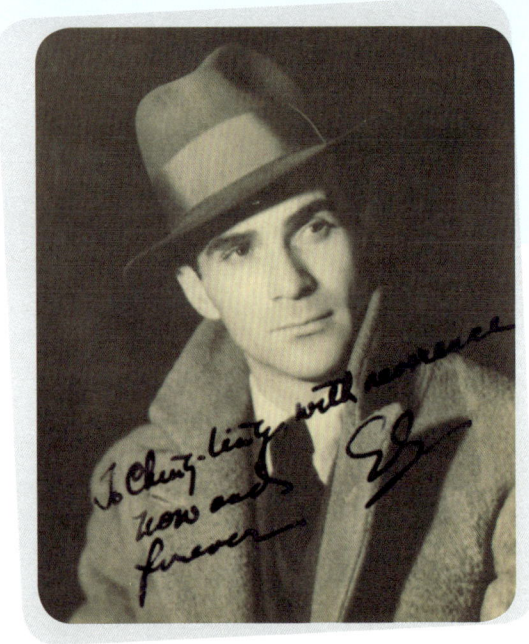

斯诺赠送给宋庆龄的签名照

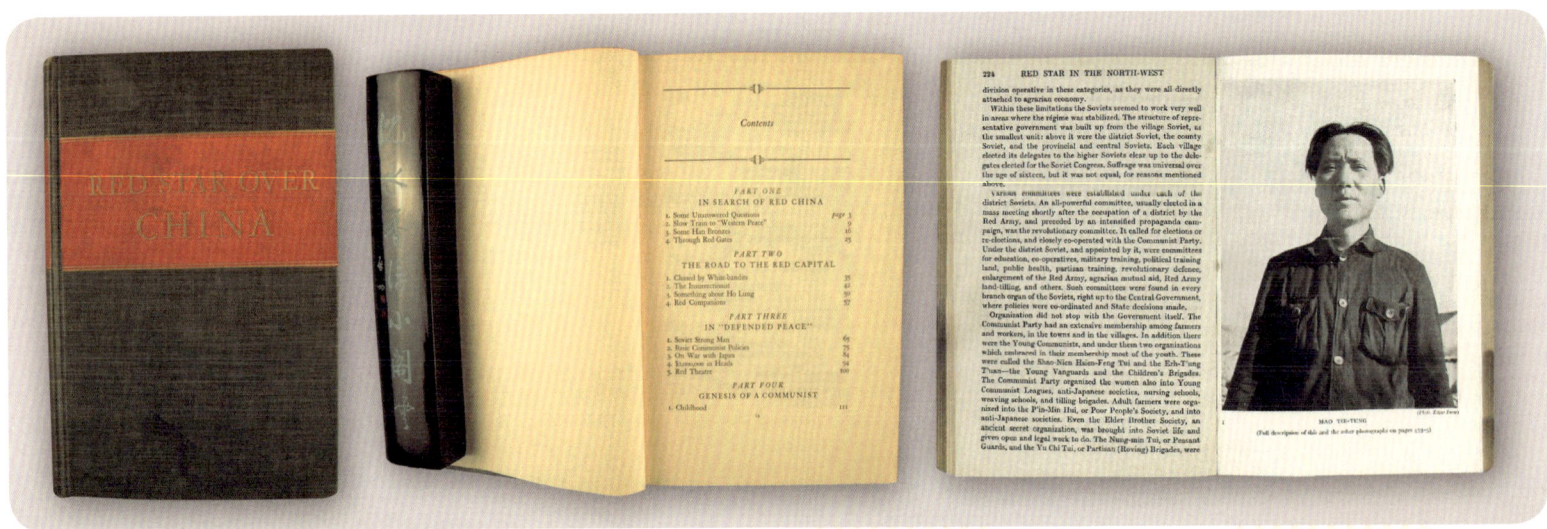

第二站 宋庆龄文物馆

认一认：

斯诺在赠给宋庆龄的《西行漫记》扉页上写下了这样一段话，小朋友，你知道这段话是什么意思吗？

To gallant Ching ling, comrade and revolutionary, the first person in China to read this book and the first to inspire it. With apologies for all its shortcomings and inadequacies, with which the author is so generously endowed, ever.

送给勇敢的革命家庆龄同志，你是中国第一位鼓励我写作此书的人，而且是此书的第一位读者。对书中的不妥之处请见谅。

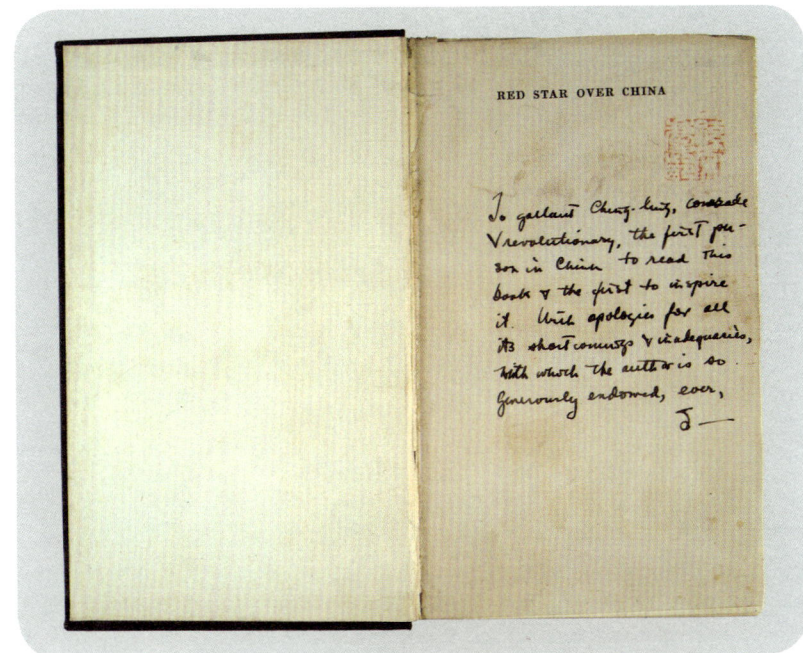

斯诺赠送给宋庆龄的《西行漫记》一书

37

问一问：

宋庆龄的那枚金戒指上的三个字母是什么意思？

1938年6月，宋庆龄在香港组织成立了"保卫中国同盟"（简称"保盟"），向海外募集资金和医药物资，支援中国人民抗日战争。"保盟"成立后，宋庆龄倡导"哪里最需要帮助，就帮助哪里"的原则，为中共领导的八路军、新四军敌后抗日根据地输送了大量医药物资。这是一枚刻有宋庆龄英文姓名缩写的金戒指印章，在保卫中国同盟开展的募捐活动中，宋庆龄经常用这枚印章在捐助者的收据上盖章。戒面上三个字母是SCL，代表宋庆龄的名字Soong Ching Ling。

SCL金戒指章

宋庆龄的英文签名

想一想：

为什么宋庆龄名字的英文写法是 Soong Ching Ling 而不是 Song Qing Ling？

宋庆龄名字的英文写法用的不是我们现在使用的汉语拼音，而是威妥玛式拼音法，简称威氏拼音法。

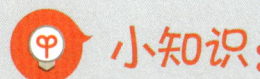 **小知识：**

威妥玛式拼音法——简称威氏拼音法。这是中国清末至1958年汉语拼音方案公布前，中国和国际上流行的中文拼音方案。威妥玛是英国人，1871年任英国驻华公使，1883年回国。威妥玛在华任职期间，使用他根据北京读书音制订的拉丁字母拼音方案给汉字注音。这个方案以后被普遍用来拼写中国的人名、地名等，影响较大。1958年后，逐渐废止。

猜一猜：

下面有三个用威氏拼音法写的人名，你知道他们分别是谁吗？

Sun Yat-sen　　　　　　Mao Tsu-tung　　　　　　Chiang Kai-shek

（　　　　　）　　（　　　　　）　　（　　　　　）

问一问：

宋庆龄为白求恩国际和平医院提供了哪些援助？

通过"保盟"，宋庆龄借助各种渠道，把大量医药救济物资，源源不断地运送到敌后抗日根据地，有力地支援了抗日斗争。1944年9月，白求恩国际和平医院的140多位伤病员和工作人员，联名在这幅白绢上写下了对宋庆龄的感激之情，在上面签名的有陈赓、刘伯承等著名将领。

宋庆龄与保卫中国同盟委员合影

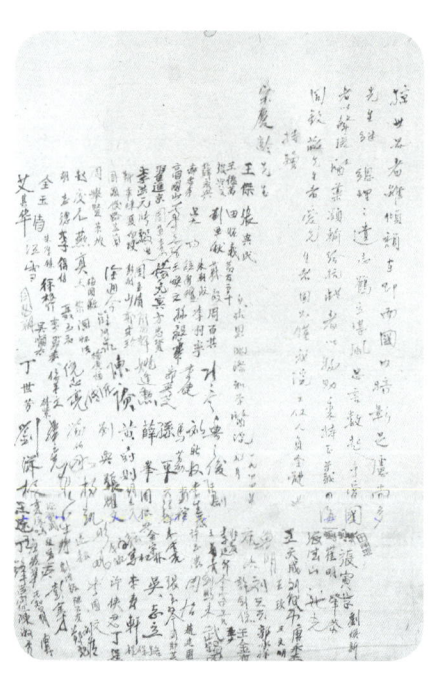
白求恩国际和平医院全体工休人员致宋庆龄的签名信

写一写：

这封写在白绢上的感谢信内容如下：

"掠世界者虽倾颓在即，而国内暗影足虑尚多。先生继总理之遗志，鹤立堪风，忠言数起，予爱国者以声援；医药频输，给抗战者以物助。秉持正义，四海同钦。敬先生者，爱先生者，固不仅我院工休人员全体也。特赠宋庆龄先生。"

你能代表宋庆龄给这些伤病员写一封回信吗？

奋战的抗日前线的将士们：

_____
_____
_____
_____
_____
_____
_____

问一问：

抗战期间宋氏三姐妹都做了哪些贡献？

在抗战的炮火中，在国家和民族大义面前，宋庆龄和她的姐妹们摒弃政治分歧，联手抗日。三姐妹的携手合作成为团结抗战的象征，在国内外产生了巨大的、特殊的政治影响。

抗战胜利后，国民政府颁布政令，决定给抗战有功的文武官员和社会领袖人士颁发胜利勋章，在当时的授勋名单上，排在前三位的正是宋氏三姐妹。

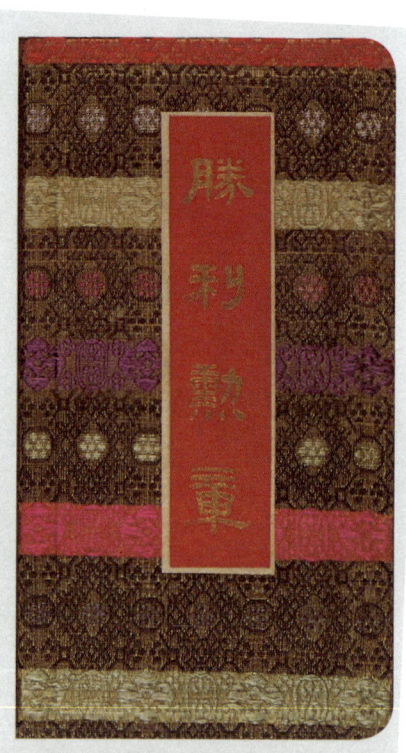

宋庆龄的抗战胜利勋章

连一连：

宋氏三姐妹在抗战年代作出的贡献可多了，小朋友试着连一连吧？

宋蔼龄
创办战时儿童保育会

宋庆龄
成立保卫中国同盟

宋美龄
赴美国国会演讲争取外援

三姐妹
视察前线、慰问伤兵、鼓舞士气、发表演说宣传抗战。

爱心章
Ai Xn Zhang

 问一问：

宋庆龄教小朋友读书的照片中，那位小朋友是谁呢？

连年的战争使得无数儿童失去亲人、流落街头。宋庆龄领导的中国福利基金会（原"保卫中国同盟"）将救助贫苦儿童作为其主要工作之一，先后在上海创办了三所儿童福利站，为战灾儿童提供营养保健、医疗服务和基础教育。这是1947年宋庆龄看望福利站的孩子，并亲自指导他们读书的照片。照片中的男孩叫吴方，后来成为成都中国航空工业总公司的工程师。

宋庆龄亲自教导小朋友读书

小知识：

　　小先生制——20世纪30年代，由教育家陶行知先生首次提出。"小先生制"指人人都要将自己认识的字和学到的文化随时随地教给别人，而儿童是这一传授过程的主要承担者。"小先生"的责任不只在教人识字学文化，还在于"教自己的学生做小先生"。1946年起，宋庆龄通过她领导的中国福利基金会开展"小先生"活动，她为此倾注了许多心血，先后培养了300多名"小先生"，受惠儿童达到一万多人。她在给友人的信中自豪地说："通过小先生制，我们相信，我们正在提供一种方法可以训练许多未来的领袖。"

 试一试：

　　小朋友，也做一次"小先生"，把你在这本书里学到的知识教给你的同伴吧！

宋庆龄亲自教导小朋友读书

故居探秘 宋庆龄故居游戏书

❓ 问一问：

"三毛乐园会"是什么？和"三毛"有什么关系？

为了支持儿童福利工作，宋庆龄通过举办慈善舞会、义演、义卖等多种形式募集资金。1949年初春，宋庆龄通过中国福利基金会与漫画家张乐平联系，希望通过举办"三毛原作展览会"和"三毛乐园会"来救济贫苦儿童。当时规定，凡是每月捐赠三枚银元救助一名贫困儿童，就可以成为"三毛乐园会"会员。张乐平立即响应，抱病赶制出30多幅"三毛"水彩画供展出义卖，他还特地为"三毛乐园会"精心设计了这枚别致的纪念徽章。

🍃 三毛乐园会章

🎨 画一画：

三毛，一个长有三根头发，身世凄凉、饥寒交迫、受尽欺辱的中国儿童形象，于1935年诞生于中国杰出的漫画家张乐平之笔，他也成了中国漫画史上的一个经典形象。小朋友，试着画一画三毛吧！

问一问：

宋庆龄在搬到淮海中路寓所之前住在哪里呢？

抗战结束后，宋庆龄决定将莫利爱路 29 号的寓所捐献给国民政府，作为孙中山纪念地，而她则移居到靖江路（今桃江路）寓所，但这处寓所简陋狭小。1948 年底，根据蒋介石手谕，中央信托局将林森中路 1803 号（今淮海中路 1843 号）拨归宋庆龄使用。1949 年春，宋庆龄迁居此处，这里是她一生中居住时间最长的寓所，也被她称为"可爱的家"。

🍃 淮海中路 1843 号寓所

认一认：

宋庆龄在上海曾经住过很多地方，其中有三处居住时间较长，对她具有重要的意义。请你在看完下面的介绍后认一认，哪一张照片是现在的宋庆龄故居纪念馆？将它圈出来。

· 桃江路45号寓所：

1946—1948年，宋庆龄把香山路寓所捐给国民政府后就移居到了这里。

· 香山路7号寓所：

宋庆龄于1918年首次入住，直到1925年孙中山去世，在这里她与孙中山共同生活了近8年。孙中山去世之后宋庆龄继续居住，直到1937年。

· 淮海中路1843号寓所：

从1949年春天开始到1981年去世前，宋庆龄在上海都是住在这里，最后一次居住是在1979年春节期间。

第二站 宋庆龄文物馆

爱国章
Ai Guo Zhang

? 问一问：

毛泽东和周恩来为什么在信中称宋庆龄为"先生"？

1949年6月，中共中央派遣邓颖超带着毛泽东、周恩来的亲笔信到上海邀请宋庆龄北上参加第一届政治协商会议，共商建国大计。这是毛泽东、周恩来致宋庆龄的邀请信。1949年8月26日，宋庆龄乘专车离沪北上。

 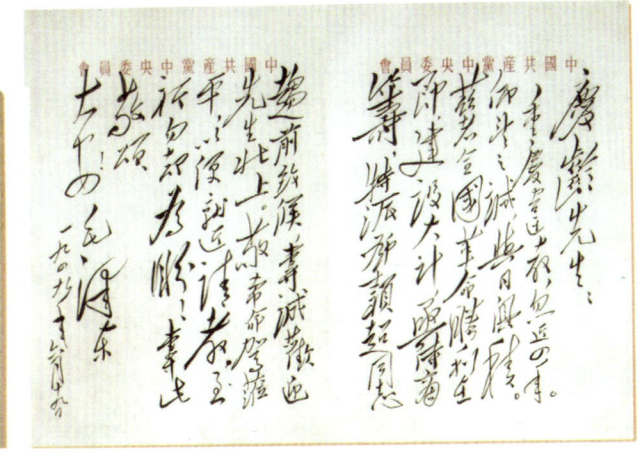

🍃 毛泽东致宋庆龄的信

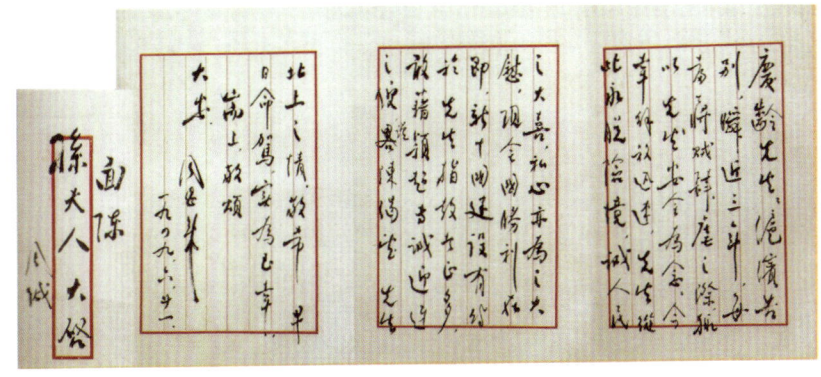

🍃 周恩来致宋庆龄的信

49

小知识：

"女先生"——"先生"这个称呼由来已久，然而历史上各个时期，"先生"这个称呼针对的对象并不相同。从前人们称管账的为账房先生，称看风水的为风水先生，后来"先生"逐渐成为对教师、对知识分子和有一定身份的成年男子的尊称。而对于身份、知识等达到一定层次的女士，也可以称为先生，以示尊敬。例如：宋庆龄先生、何香凝先生、冰心先生、杨绛先生等。

宋庆龄和何香凝

第二站 宋庆龄文物馆

 连一连：

宋庆龄从上海出发，一路北上，途经苏州、南京、徐州、曲阜、济南、天津，最后抵达了北平（现北京）。小朋友，试着在旁边的地图上找到以下4座城市并将它们从南往北连起来吧！

天津　　北平

上海　　南京

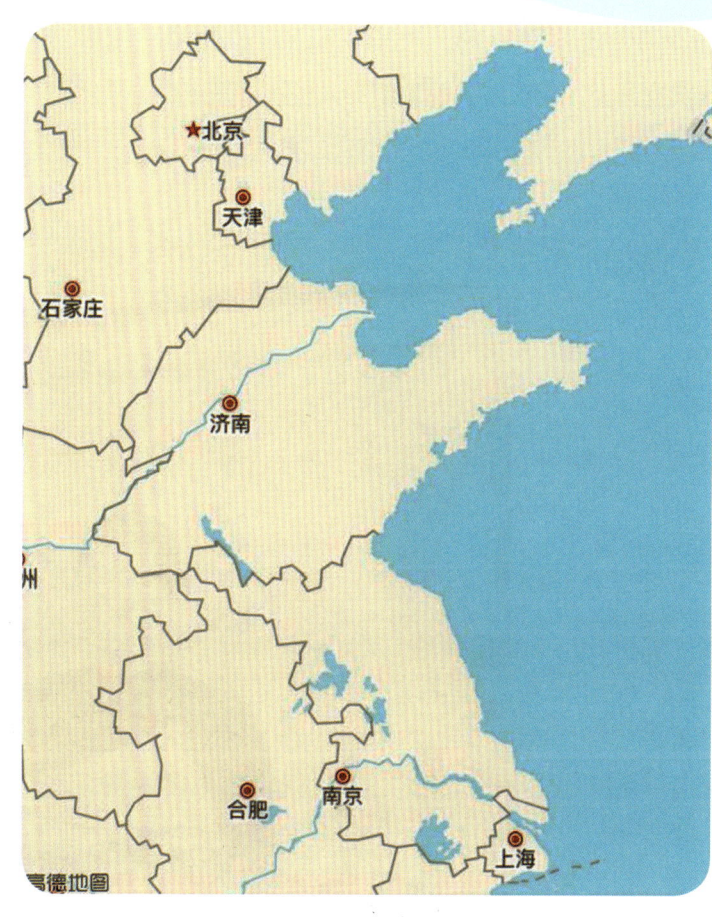

问一问：

新中国成立后，宋庆龄担任了什么职务呢？

1949年9月21日，宋庆龄满怀热情地参加了中国人民政治协商会议第一届全体会议，并在会上作了发言。正是在这次会议上，宋庆龄当选为中央人民政府副主席，从此掀开了她政治生涯的新篇章。

宋庆龄在第一届政协会议上发表讲话

第二站 宋庆龄文物馆

小知识：

建国后宋庆龄担任的部分职务

◇ 1950 年 5 月，当选为中国人民救济总会执行委员会主席；
◇ 1951 年 11 月，当选为中国人民保卫儿童全国委员会主席；
◇ 1952 年 10 月，当选为亚太区域和平联络委员会主席；
◇ 1953 年 4 月，被推选为中华全国民主妇女联合会名誉主席；
◇ 1954 年 9 月，当选为全国人民代表大会常务委员会副委员长；
　　　　　 12 月，当选为中国人民政治协商会议全国委员会副主席；
◇ 1954 年 12 月，被选为中苏友好协会总会会长；
◇ 1959 年 4 月，当选为中华人民共和国副主席；
◇ 1975 年 1 月，当选为全国人民代表大会常务委员会副委员长；
◇ 1981 年 5 月 16 日，被授予中华人民共和国名誉主席称号。

建国后的宋庆龄

问一问：

宋庆龄参加了开国大典吗？

1949年10月1日，宋庆龄出席开国大典。站在天安门城楼之上，宋庆龄激动得热泪盈眶。她后来曾说："回忆像潮水般在心里涌起……我知道，这一次不会再回头了，不会再倒退了。这一次，孙中山的努力终于结了果实，而且这果实显得这样美丽。"

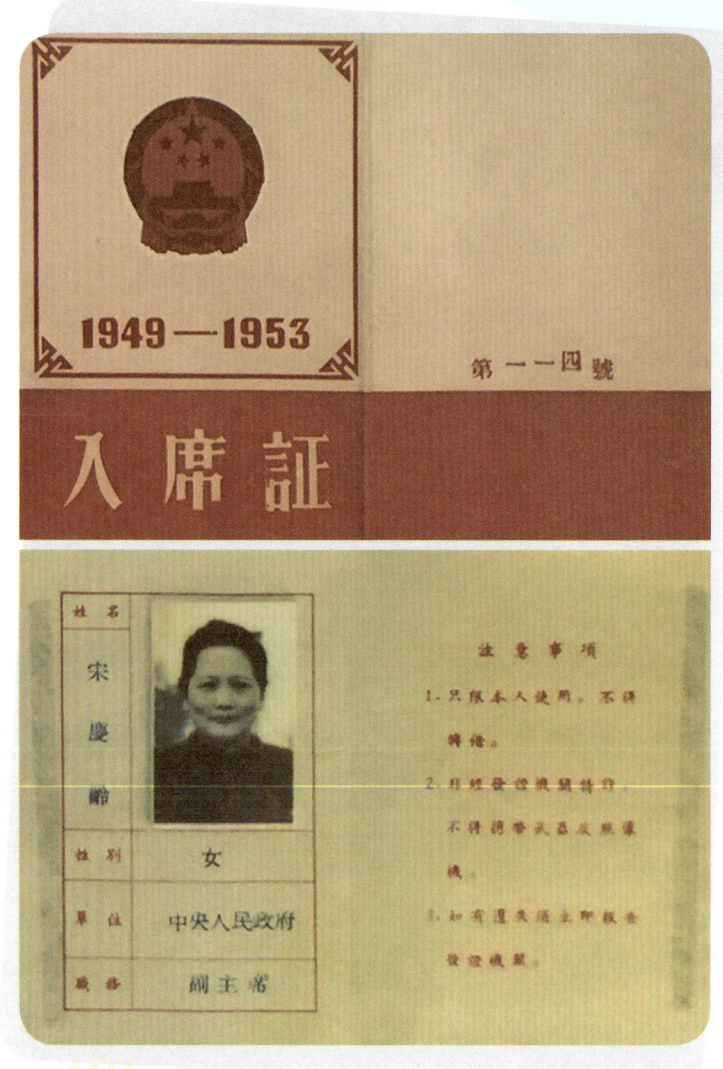

国庆典礼入席证

问一问：

《为新中国奋斗》是谁写的？

《为新中国奋斗》是宋庆龄的自选文集，共收录了她的 63 篇文章，1952 年出版，周恩来为该书题写书名。宋庆龄将此书稿费全部捐赠给了朝鲜人民军和中国人民志愿军。

宋庆龄参加中国共产党第八次全国代表大会并致辞（致辞内容被收入《为新中国奋斗》一书）

读一读：

《为新中国奋斗》中收录了宋庆龄的许多重要文章，其中就包括《向中国共产党致敬》。在这篇文章中，宋庆龄以散文诗的形式表达了她对中国共产党、中国人民解放军、中国人民革命斗争胜利的崇敬之情。

这是中国人民生活的一个最伟大的时期。我们的完全胜利已在眼前。向人民的胜利致敬！

这是我们祖国的新光明。自由诞生了。它的光辉照耀到反动势力所笼罩的每一个黑暗角落。向人民的自由致敬！

这是胜利的高潮，荡漾到每一个口岸。各国的人民运动风起云涌，把我们的力量和他们的合在一起，加强这勇敢的战斗。向全世界民主斗争的同志致敬！

欢迎我们的领导者——这诞生在上海、生长在江西的丛山里、在二万五千里长征的艰难困苦中百炼成钢、在农村的泥土里成熟的领导者，向中国共产党致敬！

宋庆龄著《为新中国奋斗》

第二站 宋庆龄文物馆

友谊章
You Yi Zhang

❓ **问一问：**

宋庆龄曾经到访哪些国家？

宋庆龄在国际上享有崇高的声誉，她与世界各国进步人士和国际友人保持着广泛的联系和真挚的友谊。二十世纪五六十年代宋庆龄在担任全国人大副委员长和国家副主席期间，先后到印度、缅甸、巴基斯坦、印度尼西亚、锡兰（今斯里兰卡）等国进行友好访问，加强了中国人民和各国人民的友谊，她富有魅力、落落大方的形象赢得了各国友人的尊重。

宋庆龄出访锡兰

宋庆龄出访巴基斯坦

宋庆龄在巴基斯坦首都卡拉奇受到热烈欢迎

连一连：

宋庆龄曾经到过许多国家，请将这些国家的名字与它们的国旗连起来！

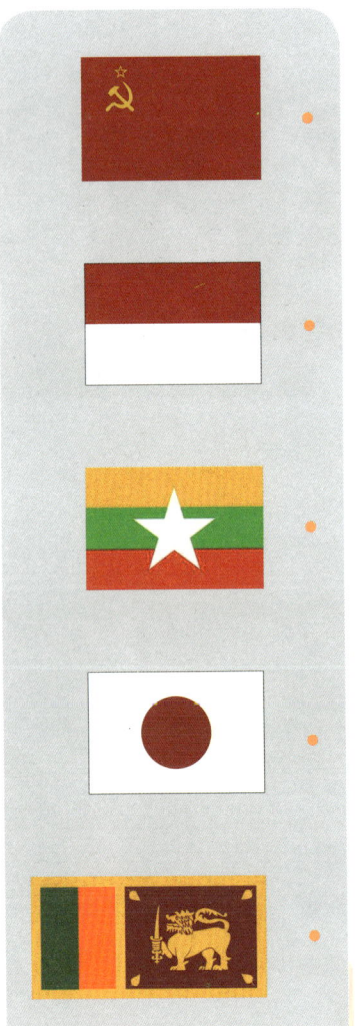

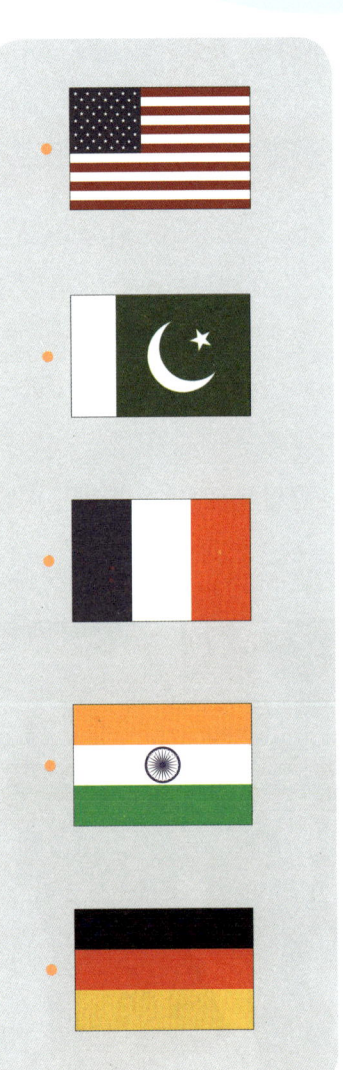

苏联

美国

法国

德国

日本

印度

缅甸

巴基斯坦

印度尼西亚

锡兰（今斯里兰卡）

问一问：

宋庆龄曾经在这里接待过外宾吗？

宋庆龄在上海的寓所不仅是她的家，也是她从事外事活动的重要场所，她曾在这里接待了来自世界各国的朋友。这座寓所犹如一条纽带，连接着她同世界各国人民的友谊。

宋庆龄在上海寓所会见锡兰总理西丽玛沃·班达拉奈克夫人

宋庆龄在上海寓所会见伊拉克人民友好访华团

连一连：　　小朋友，你知道这些国务礼品是谁赠给宋庆龄的吗？试着连一连吧。

苏联
十月革命胜利四十周年纪念瓷盘

印度
驻华大使赖嘉文——银盘

柬埔寨
西哈努克亲王———级柬埔寨王家勋章

印度尼西亚
总统苏加诺——银盘

墨西哥
前总统卡德纳斯——镶嵌木盒

坦桑尼亚
总统尼雷尔——木雕灯座

美国
总统尼克松——银器

第二站 宋庆龄文物馆

❓ 问一问：

《十万万双手》这首诗是宋庆龄写的吗？

1955年12月，宋庆龄受邀率领中国代表团访问印度，受到印度社会各界的热烈欢迎，印度总理尼赫鲁亲自到机场迎接。印度人民的热情好客给宋庆龄留下了深刻印象，一年后，宋庆龄写下了这首英文诗《十万万双手》，表达了自己对中印睦邻友好的期盼与祝愿。

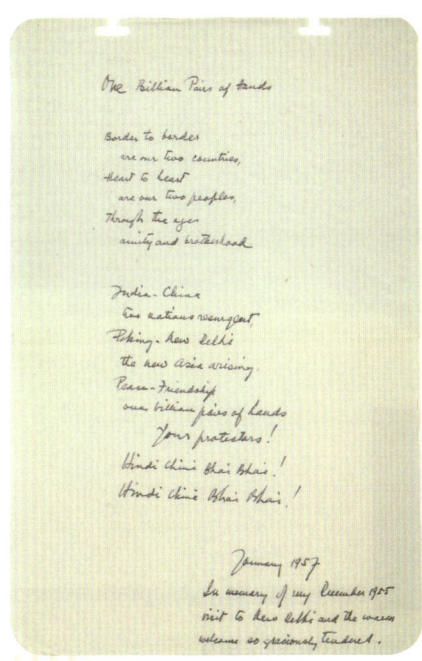
《十万万双手》

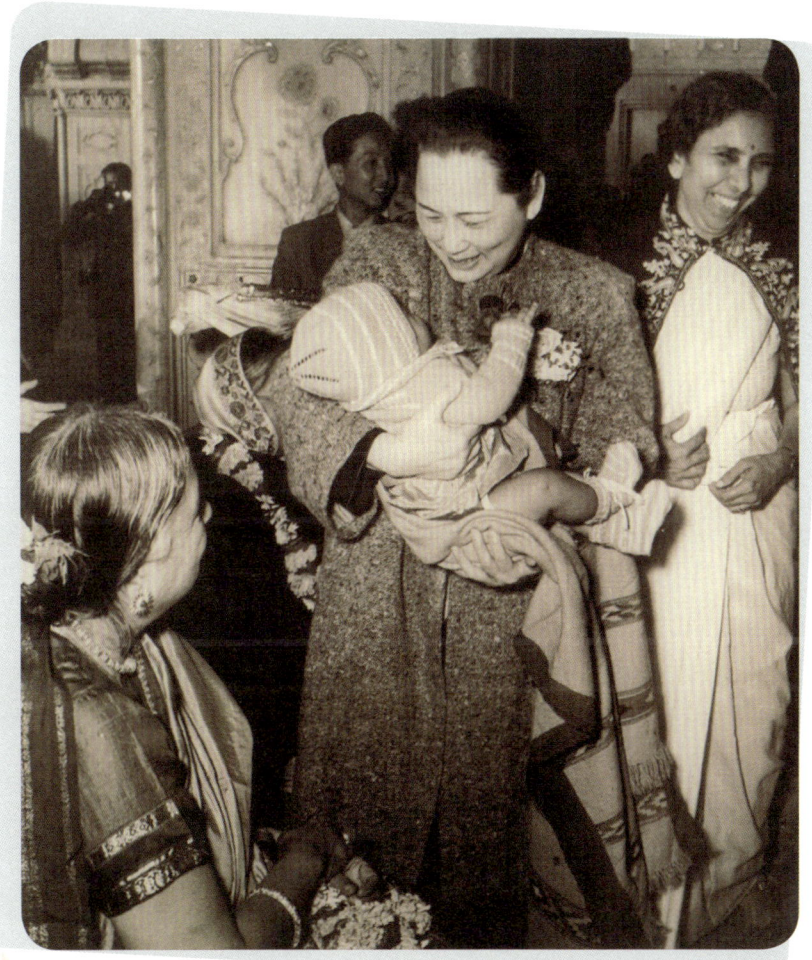
宋庆龄出访印度

故居探秘 宋庆龄故居游戏书

译一译：

这首英文诗是什么意思呢？小朋友能不能试着把译文填写完整？

The Billion Pairs of Hands	十万万双手
Border to border are our two countries	我们两国山水相连
Heart to heart are our two peoples	
Through the ages amity and brotherhood	世代和睦如兄弟
India–China the nations resurgent	
Peking–New Delhi the new Asia arising	北京、新德里 正在崛起的新亚洲
Peace–friendship	
Our billion pairs of hands your protectors!	
（印地语）Hindi Chini Bhai Bhai! Hindi Chini Bhai Bhai!	印度、中国是兄弟！ 印度、中国是兄弟！

问一问：

《中国建设》是一本什么样的杂志？

宋庆龄致力于中外文化交流和新中国的对外宣传工作。1950年9月23日，宋庆龄致信周恩来，提出在北京设立国际宣传机构，在上海出版宣传刊物。在周恩来的建议下，1952年宋庆龄创办了《中国建设》杂志。杂志以向世界介绍中国，增进世界人民对中国的友谊和了解为宗旨，宋庆龄亲自指导杂志的编辑、出版工作，还为杂志撰写了数十篇文章。如今，《中国建设》更名为《今日中国》，发行至世界150多个国家和地区。

宋庆龄向外国友人介绍杂志

《中国建设》

《今日中国》

故居探秘 宋庆龄故居游戏书

认一认：

这里有八种不同版本的《中国建设》，小朋友能认出它们分别是哪种版本吗？

A 中国　　B 英国　　C 法国　　D 北美　　E 德国　　F 葡萄牙　　G 西班牙　　H 阿拉伯

第二站 宋庆龄文物馆

和平章
He Ping Zhang

❓ 问一问：

和平鸽徽章有什么特殊的含义吗？

1952年12月，宋庆龄率领中国代表团出席在维也纳召开的世界和平大会，并担任大会执行主席。宋庆龄在会上发表题为《人民能够扭转局势》的演说，指出应该停止一切战争，缔结和平公约，禁止一切"大规模毁灭人类的武器"，不得干涉他国内政、侵犯他国领土。著名画家毕加索为这次大会画了和平鸽，作为大会的标志，大会徽章也使用了和平鸽的图案。

🍃 和平鸽徽章

🍃 宋庆龄在会上演说

65

小知识：

毕加索与和平鸽——把鸽子作为世界和平的象征，并得到世界公认，始于西班牙的艺术大师毕加索。

1940年，希特勒法西斯匪徒攻占了法国首都巴黎。一天，邻居米什老人给毕加索讲述了一个悲惨的故事。

原来老人的孙子养了一群鸽子，平时他经常用竹竿拴上白布条作信号来招引鸽子。当他得知父亲在保卫巴黎的战斗中牺牲时，幼小的心灵里燃起了仇恨的怒火。他想到白布条表示向敌人投降，于是他改用红布条来招引鸽子。显眼的红布条被德寇发现了，惨无人道的法西斯匪徒把他扔到了楼下，致其惨死，还用刺刀把鸽笼里的鸽子全部挑死。老人讲到这里，对毕加索说："先生，我请求您给我画一只鸽子，好纪念我那惨遭法西斯杀害的孙子。" 随后，毕加索怀着悲愤的心情，挥笔画出了一只飞翔的鸽子——这就是"和平鸽"的雏形。

1950年11月，为纪念在华沙召开的世界和平大会，毕加索又欣然挥笔画了一只衔着橄榄枝的飞鸽。当时智利的著名诗人聂鲁达把它叫做"和平鸽"，由此，鸽子才被正式公认为和平的象征。

1952年12月，为祝贺在维也纳召开的世界人民和平大会，毕加索又创作了一幅全新的和平鸽。

问一问：

"加强国际和平"斯大林国际奖金和国际和平妇幼保健院有什么关系？

为了表彰宋庆龄为世界和平所作出的突出贡献，1951年她被授予"加强国际和平"斯大林国际奖金。同年9月18日，"加强国际和平"斯大林国际奖金委员会在北京为宋庆龄举行了授奖典礼。当时宋庆龄还获得了一笔10万卢布的奖金，她签收后即刻在汇款单的背面批示："此款捐赠中国福利会作妇儿福利事业之用。"不久，中国福利会用宋庆龄的这笔捐款创办了我国第一个综合性妇幼保健医院——中国福利会国际和平妇幼保健院。

🍃 宋庆龄获得"加强国际和平"斯大林奖金　　🍃 奖章和证书

国际和平妇幼保健院现貌

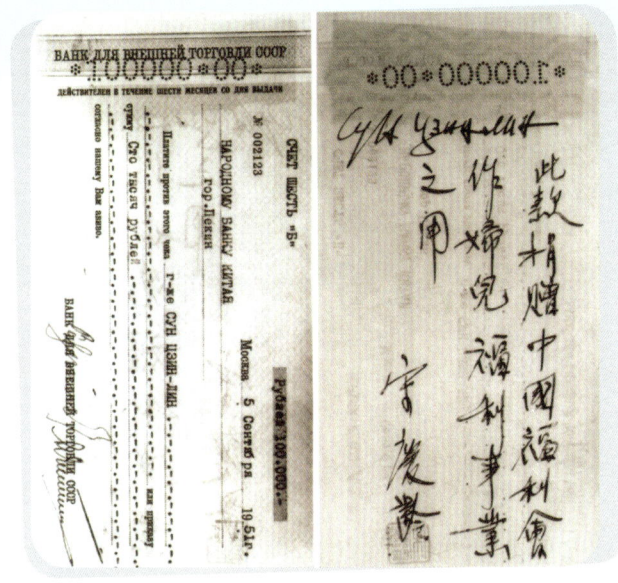
汇款单

画一画：

小朋友，试着为宋庆龄创办的国际和平妇幼保健院来设计一面旗帜吧。记得要体现和平的主题哟！

问一问：

亚太区域和平会议是谁发起的？

1952年10月2日，由宋庆龄等人发起的亚洲及太平洋区域和平会议在北京召开，37个国家的344名正式代表、34名列席代表和世界和平理事会、世界工联的代表出席了这次会议。宋庆龄在这次会议上作为中国代表团团长、大会执行主席致开幕词。会议通过了《致世界人民书》《致联合国书》等决议，选举宋庆龄为亚洲及太平洋区域和平联络委员会主席。

小知识：

宋庆龄的方言——宋庆龄在发言时，用的是比较正式的上海方言，是当时上海市区的新派语音。这种语音与今天的川沙语音很像，那是因为上海市区的语音变化较快，而川沙的语音变化缓慢造成的。

宋庆龄在亚洲及太平洋区域和平会议上致开幕词。

故居探秘 宋庆龄故居游戏书

 写一写：

小朋友，如果让你来写一封《致世界人民书》，内容是邀请世界各国爱好和平的人士来中国参加"世界和平会议"，你会怎么写呢？

致世界人民书：

第二站 宋庆龄文物馆

爱心章
Ai Xin Zhang

? 问一问：

"宋庆龄与各国妇女代表"这张照片是在哪里拍摄的？

1959年5月，宋庆龄在上海寓所草坪上会见来华参加国际民主妇女联合会理事会的代表们。宋庆龄不仅是中国妇女界的杰出领导者，在世界妇女界也享有崇高的声望。二十世纪五六十年代，宋庆龄在上海寓所接待了来自世界各国的妇女代表，为建立中国妇女与国际妇女组织之间的联系，发展中国妇女与各国妇女之间的友谊作出了积极的贡献。

宋庆龄在上海招待外国妇女领导人

宋庆龄在上海寓所招待27国妇女代表

71

连一连：

宋庆龄被誉为"女界之光""20世纪的伟大女性",你知道20世纪还有哪些伟大的女性吗？

特蕾莎修女
贫民圣人，获诺贝尔和平奖

撒切尔夫人
英国前首相，被称为"铁娘子"

南丁格尔
开创了现代护理事业

居里夫人
首位获得诺贝尔奖的女性

罗莎·帕克斯
美国"民权运动之母"

埃米琳·潘克赫斯特
为争取妇女选举权奋斗终生

问一问：

《无名烈士》这首诗中的"无名烈士"指的是谁呢？

1855年太平军攻占武昌时，有九位妇女参加了义军。翌年，武昌失陷，这九名女战士在清军的围剿追堵中英勇战斗，宁死不屈，壮烈牺牲在东湖岸边。当地乡民敬慕她们的义烈，将其合葬在小山冈上，为避免清军的摧毁，不以坟名，而名之为"墩"。

1953年12月，宋庆龄到湖北武昌参观九女墩，她写下了这首《无名烈士》诗，译成中文后由何香凝书写，刻在碑上。这首诗不仅是对女英烈的追念，也寄托了宋庆龄对妇女解放和人类进步的殷切期望。

九女墩

《无名烈士》诗手稿

读一读：

无名烈士

在这里，我们伟大祖国的中心，
远在过去很久的日子里，
有九个无名的中国妇女，不肯屈膝，不肯低头。
她们反抗，为了人民。
她们献出一切，为了人民。
在这里，我们伟大祖国的中心，
在她们之后的年代里，
更有千万像她们似的继承者，
燃烧着革命的火焰，
裹扎起战斗的创伤，
在人类新时代的歌声中向前迈进。

她们同样地无名，
她们献出了一切，为了人民。
在这里，我们伟大祖国的中心，
在人民当家做主的时代，
我们为那九个无名的妇女树立起碑石，
为了敬仰她们，也为了敬仰所有的中国妇女。
我们纪念着过去，为了展望到将来；
我们今日正在建设着明天，
为了所有的人民。

——宋庆龄

问一问：

《儿童时代》是一本什么样的杂志？

《儿童时代》是宋庆龄亲手创办的全国第一份少儿综合期刊，她为之付出了许多心血，曾亲自为《儿童时代》精心撰写了十篇文章，并四次题词。1981年5月，宋庆龄病情危重，她仍为孩子们写下了《愿小树苗健康成长》一文，这是她给孩子们最后的礼物，也是她最后的嘱托。

宋庆龄与孩子们

《儿童时代》

读一读：

愿小树苗健康成长（节选）

可爱的孩子们，每当我想到你们，我的眼前就浮现出那些充满生机的小树苗。你们像小树苗一样，柔软的枝条，嫩绿的叶子，在肥沃的土地上扎根，在和煦的阳光下成长。你们睁着一双惊奇的眼睛观察着：这个世界多么新鲜，多么有趣，多么灿烂！可是，我要提醒你们，狂风暴雨，病虫害，环境污染，都会危害小树的成长。对那些长得歪歪扭扭的小树，还要进行矫正、修剪。同样，社会上某些坏思想、坏风气和旧的习惯势力，也是对你们的危害和污染。因此，你们就需要认真学习，接受教育，增强抵抗力和提高辨别力。要学会在这个纷繁复杂、千变万化的世界上，辨别什么是真的，什么是假的；什么是美好的，什么是丑恶的；什么是正确的，什么是错误的。这样你们就会像小树苗一样，长成大树，聚成森林，成为祖国需要的有用之才。

第二站 宋庆龄文物馆

智慧章
Zhi Hui Zhang

❓ 问一问：

宋庆龄为何修改了宴客菜单？

这是宋庆龄1958年宴请朝鲜首相金日成的一份菜单。宋庆龄在招待客人时非常细心周到，她会根据客人的喜好亲自拟定菜单，有时候还会亲自下厨给客人一个惊喜，我们看到菜单上修改的条目就是由宋庆龄亲笔修改的。她根据朝鲜客人的口味，把"盐焗鸭"改成了"广东烧鸭"，把"干烧闽虾"改成了"油炸虾"。

🍃 宋庆龄招待金日成

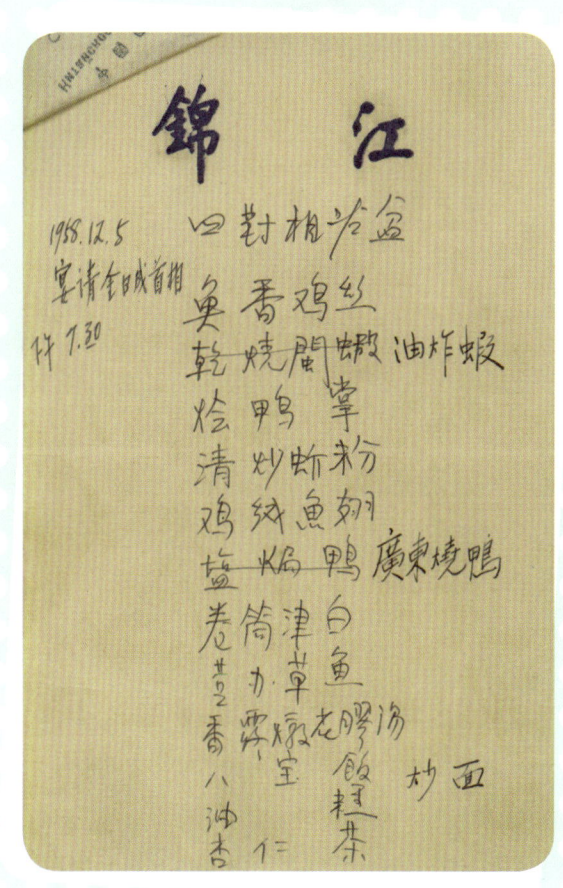
🍃 菜单

77

连一连：

宋庆龄在招待客人时会根据他们的喜好来拟定菜单，现在，你来试着为各国客人选择适合他们口味的菜肴吧！

法国
法式煎鹅肝

英国
约克郡布丁

德国
巴伐利亚白香肠

意大利
米兰小牛胫肉

美国
布法罗辣鸡翅

俄罗斯
罗宋汤

第二站 宋庆龄文物馆

❓ 问一问：

这件旗袍是宋庆龄穿过的吗？

这是宋庆龄非常喜爱的一件香云纱旗袍，她一直穿了很多年。晚年宋庆龄体型微微发福，于是她在这件香云纱旗袍内镶了两条边，放宽后继续穿着，这既说明了她对这件衣服的喜爱，也表现了她的朴素节俭。

🍃 香云纱旗袍

🍃 穿着香云纱旗袍的宋庆龄

小知识：

香云纱——俗称莨绸、云纱。是一种用薯莨的汁水对桑蚕丝织物涂层，再用含矿物质的河涌塘泥覆盖，经过太阳暴晒加工而成的纱绸制品。由于穿着走路会"沙沙"作响，所以最初叫"响云纱"，后音变为香云纱。香云纱制作工艺独特，其优点在于质地轻薄，夏日穿着爽滑不沾皮肤。

配一配：

宋庆龄非常注重礼节，在不同的场合会选择不同的着装，小朋友试着为下面三种场合选出最合适的服装吧?

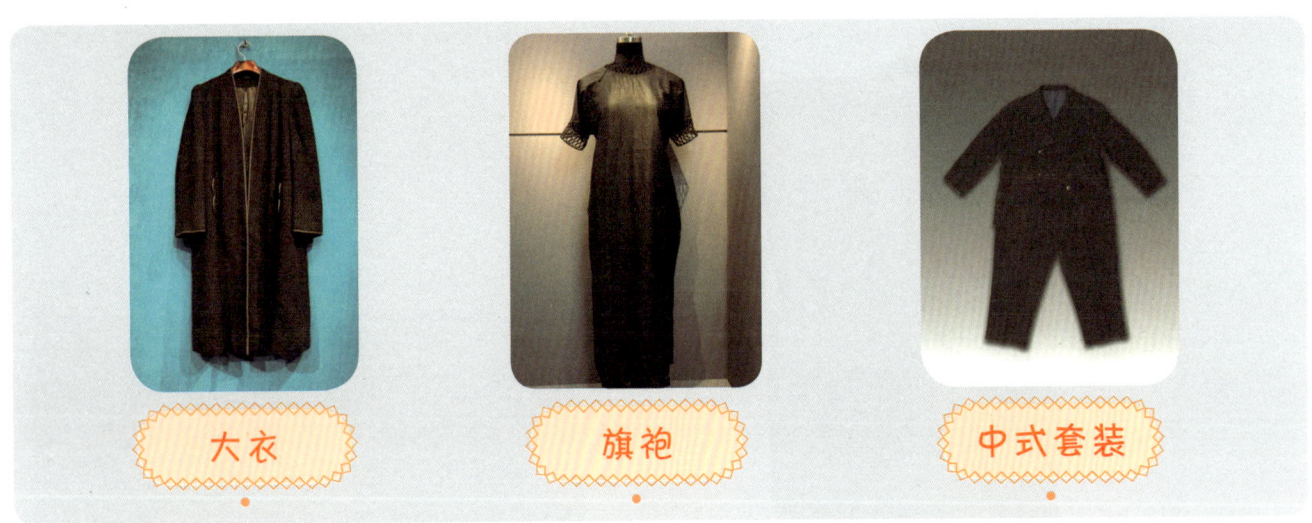

大衣　　　　旗袍　　　　中式套装

在家中看书　　出访国外　　出席典礼

问一问：

宋庆龄有什么爱好？

宋庆龄爱好广泛，她酷爱读书，仅在上海寓所的藏书就达5000多册，有英、德、俄、法、日等19个国家的文字，这里陈列了其中的一部分。她在去世前曾立下遗嘱，将自己的藏书送给友人邓广殷，后来邓广殷又将这些藏书捐赠给了国家。

试一试：

宋庆龄的藏书很多，包括政治、经济、文艺、教育、法律、科技、卫生等多种门类，请你试着为宋庆龄的这几本藏书分类吧！

建国方略　经济学原理　鲁滨逊漂流记　儿童心理研究

哲学　宗教　教育　历史　文艺　经济　社会　政治

纯粹理性批判　罗马史　人口论　旧约圣书

第二站 宋庆龄文物馆

问一问：

宋庆龄和她的家人关系如何？

宋庆龄是一位很重感情的女性，她深爱着她的亲人，一直保存着家人的一些物品。在这本老相册里，我们可以看到宋庆龄与弟弟宋子文、宋子良、宋子安的合影，以及宋氏三姐妹早年的合影等照片。宋庆龄对这些物品的珍视表现了她对远在海外的亲人们的深深思念。

老相册

故居探秘 宋庆龄故居游戏书

 认一认：

这是目前仅见的宋氏家族全家福，摄于1917年，你能认出他们分别是谁吗？

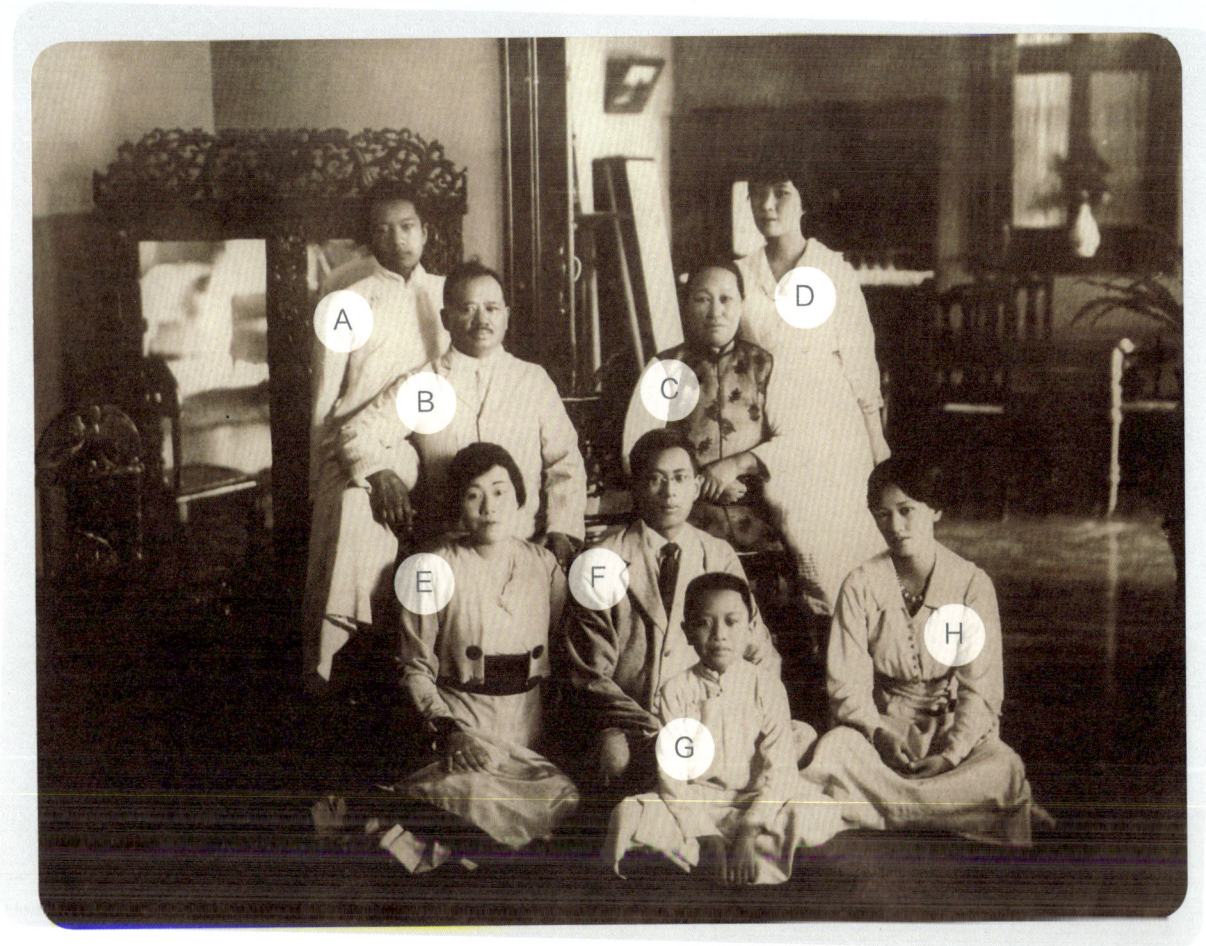

🖋 宋氏家族全家福

宋耀如_____   倪珪贞_____   宋蔼龄_____   宋庆龄_____

宋子文_____   宋美龄_____   宋子良_____   宋子安_____

第二站 宋庆龄文物馆

❓ 问一问：

为什么宋庆龄在同一年写给同一个人两张贺卡？

这两张贺卡是宋庆龄赠给法国友人高醇芳的，两张贺卡寄于同一年，一张写着"祝愿高醇芳一家1981年愉快"，另一张则写着"祝愿高醇芳一家1981年以及以后的每一年都愉快"。原来，那一年宋庆龄的身体每况愈下，在寄出第一张贺卡后，她担心自己挨不过这一年，再也没有机会送出祝福，所以又寄出了第二张贺卡，希望把自己的祝福永远留给她的友人。

🍃 宋庆龄致高醇芳的贺卡

写一写：

小朋友,写一张贺卡给你的家人或者小伙伴吧,为他们送去你的祝福吧!

与高醇芳合影

第二站 宋庆龄文物馆

? 问一问：

宋庆龄安葬在哪里？

因为工作需要，宋庆龄经常往来于北京、上海两地，但逢年过节只要有空，她必定会回到上海居住一段时间。用她自己的话来讲：去北京是"上班"，到上海是"回家"。1979年1月，她最后一次回到上海寓所过春节。

1981年5月29日，宋庆龄因病在北京与世长辞，遵照她的遗愿，她的骨灰安葬在上海万国公墓宋氏墓地她父母的身旁。

宋庆龄陵园

画一画：

新西兰作家路易·艾黎曾这样形容宋庆龄："她好像一朵永不凋谢的花朵，永远使人鼓舞，永远使人感到她的存在。"

让我们画上一朵美丽的鲜花，缅怀这位伟大的女性吧！

第二站 宋庆龄文物馆

找一找：

文物馆中展示的这些文物和文物背后的故事体现了宋庆龄的许多优秀品质，把这些"品质勋章"贴到书中相应的位置吧！

图章贴纸在底页哦！

故居探秘 宋庆龄故居游戏书

主楼

Gu Ju Tan Mi
Song Qing Ling Gu Ju You Xi Shu

第三站 主楼

这幢房子建于1920年,属近代欧洲独院式建筑,最早是一位外籍人士的私人寓所。

莫利爱路寓所（今上海孙中山故居）

1945年抗日战争胜利后，宋庆龄回到了上海，回到了她的出生地。不久，她将原来和孙中山先生共同生活的寓所捐赠给了国民政府，作为先生的纪念馆供人们瞻仰，自己则暂住靖江路的一处寓所。

1948年，根据蒋介石的手谕，国民党政府中央信托局将林森中路1803号（今淮海中路1843号）的这处住宅拨给宋庆龄居住，其产权也归宋庆龄所有。

故居主楼正门

第三站 主楼

☑ **猜一猜：**

你知道这些老路名对应的是今天的哪条路吗？试着连一连吧！

福开森路	Avenue Joffre	复兴中路
亚尔培路	Avenue du Roi Albert	淮海中路
霞飞路	Route Lafayette	武康路
辣斐德路	Route Ferguson	陕西南路

故居探秘 宋庆龄故居游戏书

❓ 问一问：

宋庆龄最喜欢什么小动物？

宋庆龄喜欢小动物，特别喜爱象征着和平的鸽子。她在这里养了很多鸽子，经常亲自给它们喂食。

今天我们看到的这些鸽子就是当年宋庆龄喂养的鸽子的"后代"哦！

🎨 画一画：

据宋庆龄身边的工作人员回忆，她最喜爱的一只鸽子名为"戈西"（Gothe），它的毛色深浅咖啡色相间，颈部羽毛雪白，非常漂亮。现在，用画笔绘出你心中的"戈西"吧！

🖋 鸽棚

第三站 主楼

❓ 问一问：

宋庆龄的座车是什么牌子的呢?

这两辆车是宋庆龄的专车。一辆是 1952 年苏联领导人斯大林赠送的吉姆牌轿车。另一辆是 20 世纪 70 年代长春一汽生产的红旗牌高级轿车，是周恩来总理为了方便她的工作，特意从北京调来上海给她使用的。宋庆龄在上海外出办事，都是乘坐这两辆轿车。

经过精心的维护保养，这两辆轿车现在仍然能够使用。

🌿 吉姆牌轿车

🌿 红旗牌高级轿车

👣 找一找：

宋庆龄的吉姆牌轿车和红旗牌轿车都有独特的车标哦，你能把它们找出来吗？

95

故居探秘 宋庆龄故居游戏书

❓ 问一问：

宋庆龄会做菜吗？

这间是厨房，保存着当年的煤气灶和煤气烤箱。

宋庆龄喜爱烹饪，时常亲自下厨，做一两个拿手菜招待客人。据她的秘书张珏回忆，宋庆龄有两个菜烹调得非常可口：海南风味的红鲤鱼和杏仁鸡。

🍃 厨房

第三站 主楼

❓ 问一问：

过道厅里挂的那些画都是谁送的呢？

过道厅是供来访客人稍作等候的地方，宋庆龄为人细心周到，特意在这里准备了一些书报杂志，供客人翻阅。

宋庆龄还在过道厅布置了许多她喜爱的艺术品，供客人欣赏。其中有印度尼西亚朋友赠送的水彩画、1957年宋庆龄访苏期间购买的油画"冬日"、国画大师徐悲鸿画赠宋庆龄的"双马垂柳图"和傅叔达的"墨竹图"。

🍃 过道厅

故居探秘 宋庆龄故居游戏书

连一连：

宋庆龄在过道厅布置了各种各样的画，你知道这些不同种类的画有什么区别吗？试着连一连吧？

水彩画
以水调和水彩颜料绘成的画

油画
用透明的植物油调和颜料，在制作过底子的布、纸、木板等材料上塑造艺术形象的绘画

国画
用中国所独有的毛笔、水墨和颜料，依照长期形成的表现形式及艺术法则而创作出的绘画

小知识：

徐悲鸿画马——徐悲鸿是一位著名的画家，他喜爱画马，也擅长画马。他画的马既有西方绘画中的造型，又有中国传统绘画中的写意，融中西绘画之长，笔墨酣畅，形神俱足。他那刚劲矫健、剽悍的骏马，给人以自由和力量的象征，鼓舞人们积极向上。

徐悲鸿喜欢画马，但不像古人那样热衷于画鞍马，他喜欢画野马，喜欢野马的自由和豪放不羁的气质，更能抒发自己的情怀。这些马几乎都没有马鞍，也没有缰绳，不仅从外形显出马的神骏和壮美，而且更是表现出一种自然的野性。

? 问一问：

宋庆龄在客厅接待过哪些客人？

这间是客厅，当年宋庆龄就是在这里亲切地接待来访的各国宾客。在这里，宋庆龄先后会见了毛泽东、周恩来、刘少奇、邓小平等党和国家的重要领导人，与他们共商新中国的建国大计。

如今，客厅里还陈列着苏联最高苏维埃主席团主席伏罗希洛夫来访时赠送给她的风景油画、新西兰作家路易·艾黎赠送的瓷器、上海市委赠送的我国第一代电子管多功能组合音响。

风景油画

客厅

多功能组合音响

读一读：

1961年，相交30多年的老友路易·艾黎曾赋诗一首，借青花瓷歌咏宋庆龄的品格，名为《赠宋庆龄》：

赠宋庆龄

此物君宜之，青花白地瓷。
铮铮鸣劲骨，落落绘灵姿。
壮节平生愿，为民肝胆痴。
域中喜俊杰，明日发遐思。
于世有慧音，女中卓卓人。
理花传解语，命笔启众心。
身教喻后至，敢辞风雨惊。
六洲贤妇女，奔走说庆龄。

想一想：

路易·艾黎为什么会把宋庆龄比作青花瓷呢？

画一画：

青花瓷是中国传统名瓷之一，宋庆龄非常喜爱它"白地无暇似玉、青花素雅如兰"的特点。试着参照宋庆龄收藏的青花瓷以及四张图样，绘出你心中的青花图案吧？

第三站 主楼

❓ 问一问：

餐厅的工艺品分别来自哪些国家？

　　这间是餐厅，宋庆龄经常在这里设家宴款待来访的各国贵宾和亲朋好友。她曾在这里宴请了印度尼西亚总统苏加诺、朝鲜民主主义人民共和国首相金日成、苏联最高苏维埃主席团主席伏罗希洛夫、缅甸总理吴努、印度总统拉达克里希南、锡兰总理班达拉奈克夫人、巴基斯坦总理苏拉瓦底等外国元首和贵宾。

　　餐厅四周摆放的工艺品都是宋庆龄亲手布置的，其中有很多是各国宾客赠送的国务礼品，如金日成来访时赠送的刺绣《春香传》、印度尼西亚总统苏加诺赠送的铜剑、印中友好协会主席潘尼迦赠送的镶银铜盘等。

《春香传》

餐厅

铜剑　　　镶银铜盘

103

猜一猜：

宋庆龄当年在餐厅接待了很多国家元首，你能认出来他们分别是谁吗？

苏拉瓦底

苏加诺

班达拉奈克夫人

吴努

历史上第一位女总理　　担任朝鲜最高领导人长达46年　　印度尼西亚独立运动领袖，第一任总统　　"红色元帅"　　缅甸独立后第一任总理　　巴基斯坦第五任总理　　"综合东西方哲学的典范"

拉达克里希南

金日成

伏罗希洛夫

第三站 主楼

👣 找一找：

每次宴请重要宾客之前，宋庆龄都会作周密的安排，亲自检查餐厅环境的布置，希望为客人营造舒适的环境。这一次，请你找一找下面图中哪些布置和现在的餐厅不一样！

问一问：

卧室里的家具有什么来历吗？

这是宋庆龄的卧室，这里的藤木家具是宋庆龄的父母送给她的结婚嫁妆，包括床、梳妆台、五斗橱和大衣柜。除了这套家具，卧室里的沙发、茶几和八音钟都是孙中山曾经使用过的，宋庆龄对丈夫用过的这些物件特别珍视，从不舍得丢弃。

为了表达对宋庆龄的怀念，故居所有的时钟永远停留在宋庆龄去世的那一刻：1981年5月29日晚上8时18分。

卧室

算一算：

根据已经提供的线索，算一算宋庆龄和她家人的生卒年以及年龄吧！

线索1：1966年是孙中山诞辰百年

线索2：孙中山去世时宋庆龄只有32岁

线索3：宋蔼龄比宋庆龄年长4岁

线索4：宋美龄比宋庆龄小4岁

线索5：宋子文比宋庆龄小1岁

线索6：宋子良去世比宋庆龄晚6年

线索7：宋子安是宋家最小的，他比大姐宋蔼龄小17岁

姓名	出生年份	去世年份	年龄
孙中山		1925	
宋庆龄			88
宋蔼龄		1973	
宋美龄		2003	
宋子文			77
宋子良			88
宋子安			63

填一填：

宋庆龄的卧室里有一些珍贵的照片，文物管理员小丁今天要填写文物信息，请你试着帮助他把文物信息补充完整吧。

文物信息 1

这是宋庆龄1933年在上海的留影，卧室里保存的这张照片写着"To John"，指的是送给_____。

文物信息 2

这是孙中山、宋庆龄婚后在日本的合影，摄于1916年，并不是结婚当天所拍摄，所以是结婚纪念照。孙中山、宋庆龄结婚的日期是_____。

文物信息 3

这是宋庆龄保存的"孙中山十八岁时玉照"，孙中山18岁时，应该是_____年。

第三站 主楼

❓ 问一问：

宋庆龄会弹钢琴吗？

这是办公室，当年宋庆龄就是在这里批阅文件、处理国务。办公桌上陈列的都是她使用过的办公用品，宋庆龄许多重要的文章，如《致联合国的信》《向中国共产党致敬》《解放斗争中的中国儿童》《新上海的诞生》等就是在这里完成的。

宋庆龄爱好音乐，工作之余她喜爱弹奏钢琴，这是她百忙中最好的休息，约翰·斯特劳斯、贝多芬和肖邦的钢琴曲都是她钟爱的曲目。

故居探秘 宋庆龄故居游戏书

小知识：

宋庆龄喜爱音乐，她有很多钟爱的曲目，你知道这些曲目的作者分别是谁吗？

| 纽伦堡的名歌手 | F 大调弦乐四重奏 | 蝙蝠 |

作者：_____ 作者：_____ 作者：_____

| 沉没的大教堂 | C 小调钢琴三重奏 |

作者：_____ 作者：_____

钢琴

读一读：

宋庆龄在这间办公室写下了许多重要的文章和信件，让我们读一读1949年9月21日她写给曾任美国副总统的亨利·阿加德·华莱士的这封信吧。

华莱士先生：

向你为和平与国际合作的光辉领导致最诚挚的祝贺。中国的教训，正符合你伟大的预见。中国人民必须响应孙中山的号召，争取完全的独立，铲除殖民地制度，埋葬封建主义。我们将与你以及世界进步人士继续共同努力，直到世界各处都获得自由，教育和文化取得它应有的地位；每一间茅舍都改变成舒适的住屋，地上的产品可以容易买到，工厂的收入等于付出的劳动，每个家庭的人由生到死，都能得到免费的医药，每个人不问种族、肤色、信仰和居住地域，都能平等地获得他的必需品。在上述目标尚未实现之前，我们的共同努力，决不停止。

宋庆龄
一九四九年九月二十一日

故居探秘 宋庆龄故居游戏书

 问一问：

李燕娥是谁？

　　李燕娥是广东人，16岁时来到宋庆龄身边工作，此后与宋庆龄相伴50多年，直到70岁去世。宋庆龄对李燕娥怀有深厚的感情，亲切地称她为"李姐"。

　　1981年2月5日，李燕娥因病去世，宋庆龄非常悲恸，拖着病体亲自为李燕娥安排后事。她说："我一直答应让李姐的骨灰埋葬在我父母的坟的边头，要立她的碑，我以后也要埋在那里。"3个月后，宋庆龄与世长辞，她的墓碑就与李燕娥的墓碑并列在宋庆龄父母墓的两侧，永远相伴在一起。

读一读：

这是一篇记述了宋庆龄和李燕娥之间故事的短文，也是一篇课文，如果你没有学过，不妨读一读吧！

宋庆龄和她的保姆

大概所有来晋谒宋庆龄墓的人都会感到震动的吧，一个泱泱大国名誉主席的墓，竟是这样的简单、朴素。在她墓的左面，还有完全一样的另一座墓，安葬着一位默默无闻的劳动妇女——李燕娥。

李燕娥，她是谁？为什么安葬在宋氏陵园，和国家名誉主席并列？

1928年，16岁的李燕娥来到宋庆龄身边当保姆。庆龄当时已是著名的孙中山夫人。像所有没见过庆龄的人一样，燕娥以为要见到的不定是个何等显赫的人物，是个多么难伺候的贵夫人呢！她怯怯地不敢抬头。没想到庆龄一见面就拉住她的手问长问短，会做什么不会做什么？家里几口人？识字不识字？……

当知道燕娥的不幸婚姻时，庆龄充满同情地连连说："你好可怜，你好可怜哦……"这样亲近、这样关切的声音，只有做妈妈、做姐姐的才发得出来，燕娥的紧张情绪一下子消失了。她抬起头来，不禁呆住了，呀！夫人这样美，又这样可敬可亲。从这天起，李姐（夫人对她的称呼）一直跟随庆龄，整整陪伴了53年，直到1981年2月先于庆龄而去世。

由于庆龄在新中国成立前所处的特殊地位，工作起居机密性较强。她的卧室在楼上，除李姐外，任何人都不得进入。地下共产党人来往庆龄的住所，都是由李姐一人在边门迎送。庆龄常常说，李姐虽然没什么文化，但是非分得很清楚，非常坚强又非常细心，为人民做了许多好事。

这样一个人，在当时的条件下，自然引起了国民党反动派的注意。李姐有时出门为夫人买一点爱吃的南方菜，在小菜场总是有人前来搭讪，问这问那。李姐对夫人的饮食起居绝口不提，有特殊情况就立即向夫人汇报，共同商量对策。

特务们见从她这儿套不出消息，就变换手法，干脆给她金钱，要求她监视庆龄，她当然不答应。特务们又想把她拉走：要和她交朋友啊，提出给她另找高薪的工作啊……都被燕娥一一拒绝了。

庆龄念念不忘李姐为她做的一切，她一生很少向人们谈到自己，但多次向人们谈论李姐。新中国成立前，庆龄为革命奔走，常常把整个家扔给李姐。新中国成立后，她担任了国家重要领导职务，但对李姐，亲切平易，一如患难当年。

后来，李姐身体不大好，庆龄不但不再让她照顾自己，还用自己的薪金另请了一个小保姆，自己也尽可能地亲自照顾李姐，嘘寒问暖，端汤喂药，让她和自己一起在楼上吃饭，把李姐爱吃的菜放在她的面前。座位由庆龄指定：让李姐坐上座，自己在边座相陪。李姐十分不安，说："这怎么可以呢？你是领导啊！"庆龄笑笑说："正因为我是领导，才让你坐北朝南的呀！要是我老高高在上，不就不平衡了吗？"李姐讲起这些时，总是十分激动，说："老说民主民主，我看最讲民主、最讲平等的是夫人。我虽然叫她夫人，可她比我哪个亲人都亲。我虽然是小保姆，可夫人对我真像姐妹一样早啊，一样亲……"

李姐更不会想到，夫人还为她设计墓地，不但把她安排进自家的陵园，而且和自己的一模一样，并排而立。庆龄在这里表现出蔑视不合理传统习惯的大无畏精神，硬是把一个保姆和自己这个国家领导人放在同等的位置。

宋庆龄是20世纪世界上最伟大的女性之一。她一生地位崇高，但从来不搞特殊化。她不把人划成三六九等，十分尊重和自己一起工作的同志、朋友，特别是劳动人民。在她心里，领导职务不过是为人民服务的岗位，国家领导人和保姆仅仅是分工不同而已。

宋庆龄和李姐的关系，只是她波澜壮阔的生活海洋里许许多多动人故事中的一朵小小的浪花。

问一问：

花园里的白色椅子是宋庆龄坐过的吗？

主楼前的这片花园有两千多平方米，四周环绕着二十多棵百年香樟树，终年葱茏苍翠。宋庆龄特别喜欢这些香樟树，闲来无事，她喜欢穿着宽松的布衫，在绿草如茵的花园里散步，在白色的长椅上小憩。

第四站 花园

20世纪五六十年代,宋庆龄曾多次在这里举行茶会、酒会,招待来访的世界各国友人。每年儿童节前后,她还会邀请中国福利会幼儿园、少年宫的孩子们来这里做客,看到孩子们在花园里尽情地游戏,宋庆龄就会特别高兴。

画一画：

宋庆龄特别喜欢孩子，她常常邀请小朋友来自己的花园做客。有时，她会让工作人员事先把彩蛋藏在草丛里，找到最多彩蛋的小朋友还会得到宋奶奶的奖励！今天，由你来为下图中一只空白的鸡蛋绘上美丽的图案吧！

小知识：

复活节彩蛋——复活节是西方的一个重要节日，在每年春分月圆之后第一个星期日，是纪念耶稣基督复活的节日。复活节彩蛋是复活节里最重要的食物象征，意味着生命的开始与延续。复活节彩蛋多涂以红色，也有绘成彩色和笑脸。

读一读：

著名作家茹志鹃曾经写过一篇短文《宋庆龄故居的樟树》，一起来读一读吧！

宋庆龄故居的樟树（节选）

这是两棵樟树。

樟树不高，但它的枝干粗壮，而且伸向四面八方，伸得远远的。稠密的树叶绿得发亮。樟树四季常青，无论是夏天还是冬天，它们总是那么蓬蓬勃勃。

别的树木容易招虫。从同一棵石榴树上，可以捉到三四种不同的虫子。它们还要养儿育女，繁衍后代，子子孙孙都寄生在树上。而樟树本身却有一种香气，而且这种香气能永久保持。即使当它枝枯叶落的时候，当它已经作为木料制作成家具的时候，它的香气仍然不变。只要这木质存在一天，虫类就怕它一天。樟树的高贵之处就在这里。

人们怀着崇敬的心情前来瞻仰宋庆龄的故居，也总爱在这两棵樟树前留个影，作为永久的纪念。

故居探秘 宋庆龄故居游戏书

❤ **想一想：**

这篇文章写的是宋庆龄故居的樟树，这些樟树与宋庆龄有什么关系呢？

_____

_____

_____

_____

 小知识：

　　完成了所有的任务之后，现在，你对宋庆龄故居的主要景点和文物都已经有所了解，有什么感想吗？试着写一篇《我眼中的宋庆龄故居》吧，你可以将文章发送至 syj_xjb@103.com，优秀篇目有机会入选我馆的下一本教育读物哦！

第四站 花园

我眼中的宋庆龄故居

故居探秘 宋庆龄故居游戏书

第四站 花园

图书在版编目（CIP）数据

故居探秘：宋庆龄故居游戏书 / 上海宋庆龄故居纪念馆编.
—上海：上海科学技术文献出版社，2017
　　ISBN 978-7-5439-7559-0

Ⅰ.①故… Ⅱ.①上… Ⅲ.①宋庆龄（1893-1981）—故居—上海—青少年读物　Ⅳ.①K928.725.1-49

中国版本图书馆 CIP 数据核字（2017）第 241125 号

主　　编	金晓春
副主编	邵　莉
编　　委	麦灵芝　傅　强　费　佳　宫洁菁　郑培燕
总 策 划	上海宋庆龄故居纪念馆
	上海海派连环画中心
	上海城市动漫出版传媒有限公司
特约策划	刘亚军
责任编辑	王倍倍　苏密娅
特约编辑	刘蓉蓉　钱　晶　叶安云
美术设计	舒晓春

书　名：故居探秘——宋庆龄故居游戏书
　　　　 上海宋庆龄故居纪念馆　编
出版发行：上海科学技术文献出版社
地　　址：上海市长乐路 746 号
邮政编码：200040
经　　销：全国新华书店
印　　刷：常熟市文化印刷有限公司
开　　本：787×1092　1/12
印　　张：10.5
版　　次：2017 年 12 月第 1 版　2018 年 8 月第 2 次印刷
书　　号：ISBN 978-7-5439-7559-0
定　　价：68.00 元

http://www.sstlp.com

品质勋章